なぜ、お客様は「そっち」を買いたくなるのか?

理央 周

日経ビジネス人文庫

企業の目的の定義は一つしかない。
それは、顧客を創造することである。

（P・F・ドラッカー著『マネジメント』より）

はじめに

売ろうとするから売れない

「あの、6月1日の18時に予約したいんですけど、空いていますか？」
「すみません、半年先までいっぱいで……こちらからお電話いたします」

予約できるのが10カ月先のお寿司屋さん、週末の予約が取れない美容院、お馴染みさんでいっぱいのエステサロン……私の地元名古屋には、人気のあまり行きたくても行けないお店がいくつもあります。世の中にたくさんのお店がある中で、これらのお店はいつもお客様でいっぱいです。その一方で、いつ行ってもガラガラだったり、この前できたばかりだけれど店がもうなくなっていた、ということもしばしばあります。

この違いは、どこから来るのでしょうか？

私は、コンサルタントや研修講師として多くの企業を見てきました。毎年過去の業績を上回る収益をあげている企業もあれば、うまくいかずに事業を縮小する企業もあります。モノや情報があふれ返っている今、〝売る〟ということがとても難しくなっていることを示しています。

では、この厳しい状況の中で何をすればよいのでしょうか？　数多くの企業を見てきた私が発見したのは、**「売ろう」とするから「売れない」**ということです。

なんだか禅問答みたいですよね。インターネットが普及したこともあり、「どうやって売るのか」という手法は星の数ほどあります。売るための広告もあまりにたくさんあるので、お客様は慣れっこになっています。ですから、買ってくださいと売り込むよりも、お客様のほうから「そんなにいいものなら欲しい」「行ってみたい」と思ってもらえるようにしたいものです。

視点を変えると何が見えるのか？

マーケティング・コンサルティングをしていると、熱心な経営者の方々から「理央さん、マーケティングって一体何ですか？」とよく聞かれます。私はいつも、「自然に売れる仕組みをつくることです」とお答えしています。

「売れる仕組み」とは、お客様に売るのではなく、お客様が買いたくなるように「工夫」することです。「売る」が自社目線であるとすれば、「売れる」はお客様目線になります。この視点の転換がなかなか難しいのです。では、どうすればいいのでしょうか？

What（何を売るのか？）やWho（誰に売るのか？）、How（どうやって売るのか？）を考える前に、Why（なぜ売れるのか？）を考えて流行る店、売れる商品、業績を上げる企業の共通点を自社のビジネスに取り入れていけばよいのです。そうすることで、「何が、誰に好まれているのか？」「どうやってその良さを伝えているのか？」というお客様の視点に立った考え方ができるようになります。

売れている経営者は何をしているのか？

本書では、身近な事例をもとに「なぜ売れるのか？」をマーケティングの考え方で解説しています。成果を出しているお店のオーナーや企業経営者に共通しているのは、「熱心」「素直」「早い」の三つです。

誰がどのように仕事の成果につなげるかを、私の経営講座を受講されている方々の具体例とともに見ていきましょう。できる経営者はその日に学んだことを、自分が知らない重要なことがたくさんあるので「熱心に」、自分の思い込みや過去の成功体験にとらわれることなく「素直に」、動きの速い市場やお客様に置いていかれないように「素早く」、「初めて聞いたことばかりです！　うちの会社にも役立ちそうなので、すぐにやってみます！」と、取り入れられます。

本書の事例に出てくる経営者の方々は、ちゃんとマーケティングのセオリーを取り入れて実践して結果を出されています。どんなことでも基礎が重要だということですね。あとは、ちょっとだけ「仕組み化」すればよいのです。読者の皆様も後づけでいいので、どんなセオリーがあって、どうすればお客様が集まるのかを考え、自分に当てはめてみてください。

では、さっそく売れる仕組みを見ていきましょう。

２０１９年春

理央　周

目次

なぜ、お客様は「そっち」を買いたくなるのか？

第1章 繁盛するお店が売っているのは「どっち」!?

第2章 売れる商品を買っているのは「どっち」!?

第3章 流行るお店の売り方は「どっち」⁉

第4章 人気のブランドの作り方は「どっち」!?

第1章

繁盛するお店が売っているのは「どっち」!?

あなたは、S社のスマートフォンの広告宣伝責任者です。
新型スマホのキャンペーンで、カメラの撮影機能をプッシュする方針です。

Q1

カメラ機能が優れたスマホのキャンペーン、どっちをアピールすべき!?

A

ハイレゾ&5・7インチのハイスペックを強調

B

子供の写真が可愛く撮れることをアピール

マーケティング的に正しいスマホの売り方

朝起きたら、まずスマホでメールやSNSをチェックする人や、通勤やランチタイムはもちろん仕事中も体から30㎝以内にスマホがあるという人が増えています。

総務省のデータによると、2017年の世帯における情報通信機器の保有状況は75・1％となっています。確かに、電車に乗れば周りのほとんどの乗客がスマホでLINEやメールをしたり、ニュースサイトを閲覧したりしています。特に20代では90％を超える数字も出ており、毎年増加傾向にあります。

スマホ普及率の上昇に伴って、各社はこぞって新製品を市場に投入するので、競争はますます激しくなっています。マーケティング担当者も、売上を上げるために頭をひねっていることでしょう。

そこで考えるべきが、競合他社との〝差別化〟です。例えば、「業界初のハイ・

レゾリューションで高画質を実現！」「高画素数でセンサーつきの最強スマホ！」というように、機能やスペックで他社より優れていることを強調することです。

お客様は本当に高性能カメラのスマホが欲しいのか？

確かに価格や他の機能がすべて同じであれば、少しでもカメラ機能の高いスマホが選ばれるかもしれません。しかし、ちょっと足を止めて考えてみてください。ユーザーがスマホ搭載のカメラに求めているのは、はたして高性能のカメラ機能でしょうか？　もっと言うと、ハイスペックのカメラがついたスマホが欲しいのでしょうか？

スマホについているカメラで何を撮るのかを想像してみましょう。私の場合は、料理が趣味なので上手に作れた一皿や、旅行先での記念写真を家族でよく撮ります。料理の写真はSNSにアップして友人たちと共有し、家族の写真は離れて暮らしている上の息子に「楽しかったね。また行こう」というメッセージとともに送ります。

つまり、ユーザーが本当に欲しいのは、撮った写真を大事な人と共有できる楽しい

〝ひと時〟なのです。

スマホは、いつも手元にあることで大事な人との一瞬を逃さず撮ることができるのがいいところです。カメラ性能そのものよりも、24時間持ち歩いているスマホで、大事な人との一瞬を逃さず撮れることをアピールしましょう。ターゲット層は「あ、私もこんな写真が撮りたいな」と目を引かれ、「どんなカメラだろう？」と詳しく知りたくなると思います。その上で、画素数などのスペックを伝えればいいのです。

答え

B 子供の写真が可愛く撮れることをアピール

マーケ的ポイント

お客様が欲しいものと、売りたい商品が一致するとは限りません。いつも「お客様の立場」に立った目線でいることで、本当に欲しいものを見つけることができます。

あなたは創業110年の酒蔵の4代目です。
今年も冬が近づき、日本酒が美味しい季節になってきました。
お得意様に喜んでもらえる企画をお知らせしようと思います。

Q2

創業110年の酒蔵の冬の特別企画、どっちで勝負すべき!?

DM特典の「値引き」をアピール

あくまで日本酒の「中身」で勝負

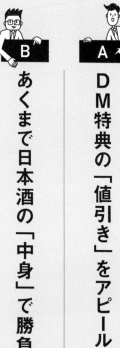

「見た目の価値」まで下げてしまう値引き

選択肢Ａの「値引きをアピール」とは、「１万円の大吟醸を今だけ２０００円引き！　このＤＭ《ダイレクトメール》を受け取られたお客様だけの特典です！」という具合に、値段の安さで喜んでもらおうとすることです。

そもそも、安易な値引きは営業利益が下がってしまうのでお勧めできません。さらに、ブランドを構築する上で重要な「**見た目の価値**（＝Perceived Value）」が下がります。「見た目の価値」とは、消費者がブランドを値段や品質、イメージなどを総合して判断する価値のことを言います。このケースでは、１万円の価値を提供していたブランドが８０００円の価値しか提供しなくなった、と見られます。「見た目の価値」が下がると、お客様が「買う理由」も同様に下がってしまうのです。

インターネットが浸透している現代では、値引き情報を目にすると、「どこが一番安いのかな？」とネットで調べる人が多くいます。そうなると、アマゾンや価格ドットコムなどには太刀打ちできません。「値段」という大企業が得意な土俵では、苦戦することは目に見えています。苦手な相撲のルールで勝てないのなら、得意な柔道のルールで戦うしかありません。

お客様が商品に感じる二つの価値

選択肢Bの「中身で勝負」とは、自信を持って作っている商品の特長で戦うやり方です。「価格」ではなく、「日本有数の米を使って仕込んだ純米大吟醸」などと打ち出すことで、お客様に喜んでもらえる「美味しさ」という別の価値で勝負します。

お客様が感じる価値には、次の2種類があります。

- **機能的価値**（機能やスペックなど数値や外観などで判断するもの）
- **情緒的価値**（「かわいい！」などと心で感じるもの）

例えば、スマホの「大きさ」を機能的価値と情緒的価値でそれぞれ表現してみましょう。機能的価値では「縦15センチ、横8センチ、厚さ1センチ」などとなり、情緒的価値では「左手にすっぽり収まる」や「親指一本で操作できる」などとなります。

スマホを買い替える時、普通は「iPhoneは縦15センチもあるから、Androidのほうがいいな」などとはなかなか考えません。人は機能よりも、まず情緒で物事を判断します。したがって、買ってもらうためには製品の細かい特徴よりも感情に訴えるほうがアピールにつながります。

この情緒的価値をもう一歩深く考えてみると、一体何を感情で判断するのでしょうか？　それは、「この商品を実際に使ったら私はどうなるのか？」ということ。例えば、「このスマホは画面が大きい割には、電車通勤の時も片手で操作できそうだな」といった具合です。

そう、お客様が欲しいのはスマホそのものではなく、スマホがもたらす〝便利な生活〟なのです。つまり、お客様にとっては便利な生活を送れるならばスマホでもいいし、タブレット端末でもいい。もしかするとアナログな手帳でもいいかもしれません。それでも、「その中でスマホが一番いいですよ」と教えてあげることが大切です。

DMはコト消費を狙うべし

岐阜県土岐《とき》市にある千古乃岩《ちごのいわ》酒造の杜氏《とうじ》さんが、情緒的価値を訴えるDM企画を実施しました。彼は、「そうだ! 今年は趣向を変えて頒布会《はんぷかい》をやろう」とひらめきました。頒布会とは、お申し込みいただいたお客様に、定期的に自社商品をお届けする販売促進のための手法の一つです。

全5回に分けて毎月2本ずつ日本酒を送る企画で、DMには12月は純米酒セットと鍋、1月は大吟醸セットとおせち、というように日本酒と一緒に料理の写真を掲載しました。それらの料理がついてくるわけではありませんが、「12月のお酒には鍋料理がぴったりです」ということが伝わります。DMを見たら、「ああ、そう言えば義理のお父さんが日本酒好きだったな。1月に送られてきた吟醸酒を1本正月に持って行ってみんなで飲もうかな」というように、自分と家族が団らんの中で日本酒を楽しんでいる様子を想像できます。

前述の二つの価値のうち、機能的価値を基準に買うことを「**モノ消費**」、情緒的価値を基準に買うことを「**コト消費**」と言います。モノや情報があふれている今、モノによって自分の生活がどう変わるのか、というところまで考えて買い物をする人が増えていると言われています。

お客様が欲しいのは、「家族の団らん・大事な人との楽しい食事」です。それさえ満たすことができれば、その時に飲むものはワインでも水でもかまいません。だからこそ、たくさんの選択肢の中から「日本酒が一番いいですよ」と教えてあげることが大切なのです。

このように情緒的価値で勝負すれば、値段とは別の基準でお客様から選んでもらえます。機能的価値については、その後で説明すればいいのです。自社製品を愛するあまり、値引きしてでも製品を売りたいと思うこともあるかもしれませんが、今一度お客様が本当に欲しい〝コト〟を考えてみてください。

答え

B あくまで日本酒の「中身」で勝負

マーケ的ポイント

人は心が動いて初めて「買おう」と思います。まず、商品を買ったお客様がどうなるのかを考えましょう。実際に自社商品を使っている様子を想像することで、本当に欲しいと思っているモノが何かがわかります。

あなたは開業10年目のやきとり店の店主です。駅から徒歩5分のところにある、落ち着いた雰囲気のあるお店ですが、周りの飲食店が女子会メニューなどで女性を集客し、お客様が減って困っています。

Q3

落ち目のやきとり店、打つべき一手はどっち!?

素早く見切りをつけてカフェに業態変更

やきとり店のまま看板メニューを開発

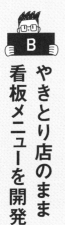

飲食店は40万店舗から選ばれなければならない

私は美味しいものを食べるのが好きで、お気に入りのお店に行ってはブログやフェイスブックに記事をアップしています。特に友人と食事をしながら情報交換したり、学生時代のことを語らって楽しい時間を過ごすのは最高です。また、ビジネスパートナーや得意先と食事をともにすることで、いいアイディアが出たり、仕事がスムーズに進んだりします。

そんな時に困るのが〝お店選び〟です。自分が任された時は一緒に行く相手のことを考えて、「そう言えば、お客様の上野さんはお魚が好きだったな」「梶原先輩は、和食よりもイタリアンのほうがいいかな……」などと悩みます。それもそのはず。日本には40万店舗以上の飲食店があります。私たちが「どこで食事をしようかな」とお店を探すということは、飲食店オーナーにしてみれば数多くの店の中から〝探し出されなければならない〟ということ。すなわち、〝選ばれる店〟にならないといけないのです。

お客様はそれぞれ自分の中に、〝そのお店に行く理由〟を持っています。例えば、私はよくカフェにコーヒーを飲みに行きますが、その時の目的によってどの店にするかを選びます。ゆったりと原稿を書きたい時はテーブルが広いスターバックスに行きますし、美味しいコーヒーを楽しみたい時はたくさんの豆から好みの味の豆を選べて、その場で焙煎《ばいせん》してもらえるコーヒー専門店に行きます。スターバックスは「ゆったり感」が、コーヒー専門店は「種類の多さと際立ったおいしさ」が、私にとっての〝行く理由〟になります。つまり、飲食店は「〝行く理由〟を満たすためには、うちが一番ですよ」とお客様に教えてあげなければならないのです。

看板メニューはどうやって作るのか

飲食店が選ばれる理由は何でしょうか？　値段？　味？　まず、値段の安さで勝負するのは避けましょう。すぐに真似されてしまいます。味は飲食店にとって最も重要な要素です。何をおいても、料理の質そのものから外れてはいけません。

ただ、飲食店に来るお客様は「美味しいものを食べられて当たり前」と思っているものです。だから、「うちのお店は美味しいですよ」というのはお客様にとっては強力なアピールにならないので、それ以上の「選ぶ理由」がなければなりません。美味しさは必要条件であって、十分条件ではないのです。

選ばれる理由のプラスアルファになる要素として「看板メニュー」があります。私の地元の名古屋は、看板メニューのある飲食店が数多くあります。いわゆる〝名古屋メシ〟の代表格とも言える矢場とんは、トンカツに味噌だれをかけた「味噌カツ」で有名ですし、うなぎ料理の代表格のあった蓬莱軒《ほうらいけん》は、「ひつまぶし」で真っ先に思い出すお店です。

このケースのような、落ち目のやきとり店であれば、周りの飲食店がやっていることや流行に振り回されるよりも、看板メニューの見直しを考えるといいでしょう。では、どうやって看板メニューを開発すればいいのか。それは、「自分だけの強み」から見つけ出します。

名古屋にきんぼし、というやきとり店があります。元フレンチのシェフが美味しい鶏肉を隅から隅まで使い切るために転身したとのことで、週末になると予約も取れないほどの人気店です。この店には、フレンチがベースの名物メニューがあります。バルサミコ酢を使った「特製トマトサラダ」は、盛りつけもおしゃれで女性客にとても喜ばれているようです。

このように、強みを活かした自分の店にしかない商品を作ることが重要です。そのためにも、次の2点を留意して自分がやってきたことをもう一度振り返りましょう。

- 同じようなことをしている競争相手と比べてどれくらい違うのか？
- 真似されにくいのか？

答え　B　やきとり店のまま看板メニューを開発

マーケ的ポイント　ライバルに真似されない自社だけの強みを発見して、イチオシの看板商品にしましょう。

あなたは、３店舗を経営する創業40年の老舗家具店の２代目若社長です。ここ数年はチェーンの家具店も増え、またインターネットでも家具が買えるので商売がなかなかうまくいきません。こういう時こそ、繁盛している同業者を分析してみたいと思います。

Q4

評判のインテリアショップ、経営方針はどっち!?

A

業界最安値に挑戦!

B

おしゃれ家具の使い方の提案

イケアが本当に売っているもの

みなさんは最近家具を買うために、家具店に行きましたか？　私はインテリアを弄《いじ》るのが好きなので、新しい家具や電化製品を選ぶのはウキウキします。しかし、ここ数年は家具店にはわざわざ行っていません。ちょっとしたテーブルやイスであれば、ネットで買ってしまいます。

今はネットをはじめ、イオンのような総合スーパーでも、テレビや雑誌の通販でも家具を買うことができます。他の業種と同じく、家具業界も厳しい競争にさらされているので、起死回生の一手を打ちたいところです。そういう時によくやってしまいがちなのが、「大幅値下げ」や「在庫一掃セール」です。つまり、値段で勝負してしまうのです。

そうすると、どういうお客様が来るのか。安い家具が欲しい人が集まって来てしまいます。極端に言うと「どこで買っても同じなので、１円でも安い家具が欲しい」

という価値観のお客様にアピールしていることになるのです。安さを求めるお客様は、ネットで一番安い店を調べます。当然、たくさん仕入れることで安く売ることができる大企業や、ネット通販には負けてしまいます。単なる値引きは誰にでもできるので、真似もされやすいのです。

スウェーデン発の世界最大の家具販売店であるイケアのホームページには、「さあ、自分全開、新生活。」といったキャッチコピーと、綺麗な部屋に置かれたおしゃれな家具の写真が大きく載っています（2016年当時）。家具の説明や価格などよりも、その家具のある部屋の様子のほうが目立ちます。「こんな部屋で新生活を始めると、気分もリフレッシュしていい仕事ができるし、素晴らしい毎日が送れますよ」といった説明書きまであります。ホームページを見た人は、新生活へのワクワク感が増して新しいインテリアに囲まれて暮らす自分を想像し、イケアで家具をもっと見たいと感じるでしょう。

つまり、イケアのホームページはお客様に「家具の値段の安さ」ではなく、「新生活の素晴らしさ」を教えているのです。家具を売るのではなく、家具とともに暮らす新生活を売っています。こうなると、値段だけでは比べられなくなります。

商品を買ってもらった先のニーズに気付こう

家具を買うお客様が欲しいものは何かを考えてみてください。実際に買うのは家具ですが、本当に欲しいものは「新しい生活や心地よい空間」です。

これはレストランでも同じことが言えます。お客様にとってレストランは美味しいものを食べに行くところですが、大事な人と有意義な時間を楽しく過ごすところでもあります。したがって、「ご夫婦の記念日のディナーを個室で落ち着いてお過ごしください」と勧められると、「ああ、たまには夫婦だけでプチ贅沢してもいいな」と想像することができます。こうなると、「どっちが安いかな？」という価格の比較にはなりません。

単なる値引きは、営業利益も自社ブランドをマネジメントしていく上で重要な

「見た目の価値」も落としてしまいます。何より大企業には値引きで勝てません。やはり自分の得意な土俵で勝負をすべきです。

そのためには自社の強みをしっかりと把握し、お客様に対して何ができるかを考えましょう。最も大事なのは、「お客様が本当に欲しいものは何か？」を考えることです。売りたいものではなく、お客様が買いたいものは何でしょうか。そして、買ってもらった先にあるお客様のニーズを見つけてください。

答え　**B　おしゃれ家具の使い方の提案**

マーケ的ポイント　**お客様が本当に欲しいものは、あなたが売りたいものとは違います。本当に欲しいものを見つけ出し、そこに向けてアピールしましょう。**

あなたは人気の新興住宅地にあるパン屋さんです。開業から3年、これまで順調に常連客も増えてきました。ところが、最近隣町に新しいパン屋さんができて売上が落ちてきたので、新商品を開発したいと思っています。

Q5
人気のパン屋さん、新商品のヒントになるのはどっち!?

A

お客様にアンケート

B

隣町でランダムに食べ歩き

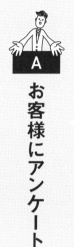

市場を知るためのアプローチ

	見る	聞く
感覚	**行動観察** （顧客を見る）	**定性調査** （グループインタビュー）
データ	**ビッグデータ** （販売データなどの分析）	**定量調査** （アンケート）

『ハーバード・ビジネス・レビュー』2014年8月号の記事を基に作成

新商品開発はサプライズを目指そう

食べることが好きなら、情報誌を読んだり、フェイスブックに投稿された美味しそうな料理写真やお店の情報に触れたりするのは楽しいですよね。ＳＮＳが便利になって世の中には情報があふれ、お店を経営している人にとっては、たくさんの中からお客様に選ばれることが大変な時代と言えます。たとえ美味しいものを提供していても、お客様は常に新しいものを求めます。新商品を開発することで、お客様にフレッシュなイメージを持ってもらいましょう。

では、新商品を開発するためのヒントはどうやって入手すればいいのでしょうか。「困ったらお客様に聞く」、これがマーケティングの鉄則です。前ページに顧客ニーズを探るための四つの手法を表にまとめました。横軸は左側がお客様を見る調査、右側がお客様に聞く調査です。縦軸は上側が感覚的に調べる調査、下側がデータを用いる調査です。

実際に話をしてお客様に聞くことやアンケートを、総じて「リサーチ」と言います。ただ、リサーチから得られる回答は〝お客様がすでに知っていること〟だけ。お客様の既知の情報、つまり顕在的なニーズになります。このようなお客様の生の声を自社の商品やサービスに反映するのは、顧客ニーズを解決するにはとても有効です。ただ、新製品を開発しようとする場合はリサーチで出てくる結果だけでは十分でありません。すでに世の中にあるアイディアが大半で、驚きを与えることはできません。

お客様に本来伝えなければならないことは、今は知らないけれど教えてあげたら嬉しいこと、すなわち**潜在的なニーズ**なのです。それを伝えると、「あ、そうなんだ！　なるほど！」と驚かれ、価格以外の要素で選んでもらえるようになるでしょう。

本音は現場で見えてくる

お客様がまだ知らないことを見つけるにはどうしたらいいのでしょうか。リサーチでわかることは「お客様が知っていることだけ」なので、お客様を「観察すること」で本音を探り出すのが大切です。観察には2種類あります。一つは、「観に行く」こと。実際にお客様が買いそうな現場へ潜在ニーズを発見しに行くのです。

かつて、私がBAT社でラッキーストライク（LUCKY STRIKE）というタバコを担当していた頃の話です。最大のライバルは、同じく20代前半の都心に住む男性をターゲットにしていたフィリップ・モリス社のマールボロ（Marlboro）というタバコでした。しかし、マールボロは強大なブランドなので、もっとターゲットを絞ろうということになりました。そこで、20代男性が利用しそうなタバコ自動販売機の前に立ち、どんな人が買いに来るか観察したのです。ずっと観ていると、マールボロとラッキーストライクを買う人の年代や性別以外の違い（ファッション、誰と買いに来るか、など）がわかってきました。

夜は夜で、やはり20代男性がたくさんいそうなクラブへ行って観察しました。そうすると、「マールボロのスモーカーは友達どうしで楽しそうに踊っているな」「ラッキーストライクを吸っている人は自分の世界を楽しんでいるな」といった具合に、お客様の本音の行動が見えてきました。おかげで、顧客ニーズにマッチする「こだわりの男子グッズ」といった販促手法につながったり、ターゲットに刺さるコピーを思いついたりしました。

このようなターゲット層の深層心理を探り出すことを、「**インサイト（洞察力）**」と言います。言わば、**お客様目線での本音**です。リサーチだけではなかなか本音を引き出すことはできません。前述のように、ターゲットの行動を観に行くことで発見できるものなのです。

大量のデータから浮かんでくるもの

もう一つの観察は、「数字の行間を読む」ことです。多くのデータを集めて観察・分析してインサイトを導き出すことを「**ビッグデータ分析**」と言います。アマゾンのようなネット小売業では、毎日膨大な商品が購入されます。それぞれの購買につき、「何を、いくつ、いくら、いつ買ったか」という履歴が残ります。1万回の購買があったとしたら、付随するデータだけで10万個近くになるでしょう。

大量のデータを観察していると、見えてくるものがあります。例えば、以前私のクライアントが楽天市場にスイーツ店舗を出店していました。毎日売上を見ているとキャンペーンなどの特別なイベントがない限り、なぜか毎週水曜日の売上が多いことに気付きました。原因を調べるために過去数カ月分のデータをさかのぼると、やはり水曜日は他の曜日よりも売上が伸びていました。

実は、毎週水曜日発表の週間ランキングを確認しようとする訪問者が増え、それにともなって売上も自然に増えていたのでした。このような事実がわかれば、水曜日にキャンペーンを打つことで売れる確率をよりアップさせることもできます。

消費者目線の本音から生まれた、花王「キュキュット」

先述したように、お客様へのリサーチから出てくるのは、お客様がすでにわかっているニーズです。これは「袋が開けにくい」とか「味が濃すぎる」といった、お客様の不満を見つけることに適しており、製品やサービスの「改善」に向いています。

しかし、どうせ新商品を開発するなら、お客様をアッと驚かせたいものです。そのために、お客様は知らないけれど教えてあげたら喜んでもらえることを「自分で」発見しないといけません。つまり、恋人に「今年の誕生日は何が欲しい？」と聞いてからプレゼントするのではなく、相手の好きなものをこっそり調べてプレゼントして喜ばせるのと同じことです。お客様の行動を観察して、本人が気付いていない教えられたら嬉しいことを発見し、それを製品やサービスに生かすのです。

花王の「キュキュット」という食器用洗剤があります。もともと花王では洗剤は汚れを綺麗に落とすものだと考えられていましたが、ある時、実際に主婦の方が洗っている姿を見て「泡が早くすすげると嬉しい」というニーズに気付いて開発されたそうです。「どんな洗剤が欲しいですか？」とか「何に悩んでいますか？」とリサーチしていたら、「しつこい汚れを落としたいわ」という答えしか出てこなかったことでしょう。いわゆる消費者の本音を洞察して発見したことで、驚きの新製品のヒントにつながったのです。

では、どうしたらこのような発想による新製品開発ができるのでしょうか。まずは、お客様は誰なのかをはっきりさせることです。例えば、小学生向けのスナック菓子で言えば、実際に買うシチュエーションを想像してみましょう。友達どうしでスーパーに遠足のお菓子を買いに行き、みんなで選びます。500円のお小遣い上限の範囲内で工夫する中、「俺、ポテチも食べたいけどお金が足りないから、2人で買って向こうで半分ずつにしない？」というニーズを見つけたら、一袋100グラムじゃなくて小遣いで買いやすい30グラムを開発するといった具合です。

行動を観察することはサービスの改善や開発、また表面に出てこないお客様の不満を発見し、よりよいサービスを提供することにつながります。したがって、パン屋さんの新メニュー開発に関しては、直接の競争相手のパン屋さんに限らず、来てほしいターゲット層がいそうな飲食店や洋服店、雑貨店などに出向き、ターゲット層の自然な会話や買い物の様子を観察することで、思わぬヒントが見つかることがあるでしょう。

このように、実際に観に行くか、データを分析することで、顧客の未知のニーズを探り出すことができるのです。

答え

B 隣町でランダムに食べ歩き

マーケ的ポイント

困ったらお客様に聞くことが鉄則。しかし、本当の本音はお客様の自然な行動を観察することから見つかります。

参考資料

『半径3メートルの「行動観察」から大ヒットを生む方法』（髙橋広嗣、SBクリエイティブ）

あなたは駅前のとんこつラーメン店の店主です。近くに新しくできた、同じとんこつラーメンの店に行列ができています。このままではお客を奪われてしまうので、新しいメニューを開発しようと思います。

Q6

とんこつラーメン店、画期的な新メニュー開発のためにすべきはどっち!?

お客様にリサーチする

お客様を観察する

味仙「台湾ラーメン」流のアイディア発想法

ラーメンは国民食と言ってもよい人気の食べ物です。みんなが欲しいということは、そこにニーズ（需要）があるということ。買い手が増えると、「これは売れるな！」と考える売り手も増え、市場もどんどん大きくなります。しかし、やがて競争が激しくなる構造になっており、多くの売り手は値引き合戦をしてしまいます。

本書ではこれまで、値段ではない土俵で勝負することが得策だ、と述べてきました。やはり商品やサービスの中身で勝負したいものです。このケースで言えば、看板メニューや新メニューを開発することです。

では、お客様に喜んでもらえるような新メニューを生み出すにはどうしたらいいでしょうか？　やはりお客様が本当に欲しいものは何かを知ることです。

前述したように、「困った時はお客様に聞け」という言葉があります。常連さんに「何が食べたい？」と聞くのもいいでしょう。また、同じ趣向のお客様がいるライバル店を研究するのも一つの方法です。そこでお客様がどんなラーメンを頼んでいるのか、それはどんな味なのかを確認するのはとてもいい勉強になります。

名古屋に味仙という中華料理屋さんがあります。麺の上に炒めたひき肉と青ネギが乗ったものすごく辛い「台湾ラーメン」で有名です。名古屋ではお酒を飲んで小腹がすいたら、「台湾ラーメン食べに行く？」と言われるほどです。まさに「締めのラーメン」の代名詞ですよね。こうなると、値段や場所だけで選ばれることなく、わざわざ来てもらえるお店と言えます。

では、どうしたら味仙の台湾ラーメンのような他にない目玉メニューを新しく開発できるのでしょうか？　常連さんやライバル店のお客様の趣向を調べたり、麺を変えたり、最高のスープを作るためにダシを工夫したりと努力することは重要です。しかし、そこから生まれるのはあくまで〝究極のラーメン〟で、台湾ラーメンのような画期的なものは生まれないでしょう。ちなみに、味仙の台湾ラーメンはもともととまかないだったもので、常連さんに「うまそうだな。俺にも出してくれ」と言われ、評判がよかったので定番商品にしたそうです。

直線からはずれたイノベーションを目指せ

商品やサービスでお客様に新しい価値を提供することを「**イノベーション**」と言います。究極のラーメンのように今の商品の延長線上で改善していくことを〝連続イノベーション〟、台湾ラーメンのようにバージョンアップではなく、カテゴリーは同じでも画期的な商品を生み出すことを〝非連続イノベーション〟と言います。

２０００年代初頭の家庭用ゲーム機の事例で言えば、スペックをどんどん向上させようとした「プレイステーション」や「Ｘ－ｂｏｘ」は前者、遊び方そのものを考え直して原点回帰した「Ｗｉｉ」が後者にあたります。一概にどちらがいいとは言えませんが、Ｗｉｉが無線のコントローラーを開発し、それまでのゲーム機の概念を変えて売上を伸ばしたことは事実です。

画期的なアイディアとは、通常の商品の延長線上ではなく、直線からはずれたと

画期的なアイディアはどこにある？

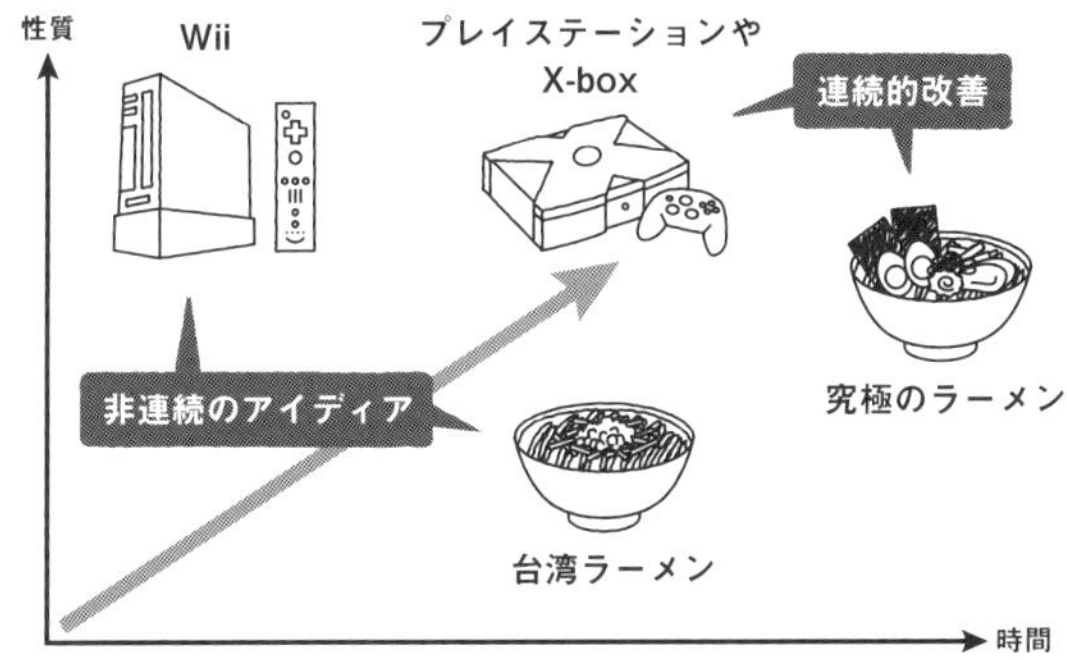

ころにあるもの。同業者ばかり見ていても答えは出ません。また、お客様にリサーチしても返ってくる答えは「お客様がすでに知っていること」です。味仙の台湾ラーメンやＷｉｉは、お客様は知らないけれど提供されたら嬉しいものでした。このような非連続イノベーションを起こすためには、お客様の自然な行動を観察し、無意識にしていることの中からお客様の喜ぶものや悩みを解決できるもの、いわゆる「潜在的なニーズ」を探り出すことです。

新発見は非日常の中からヒントが見つかるものです。ラーメン店の事例で言えば、お客様に聞くだけではなく、どうやって食べているか、どんな会話をしているかを見ていると思わぬヒントを発見できるかもしれません。

また、自社とはまったく違う業態の店（例えば美容院）に行き、彼らがどんなサービスをしているのか、何に気を配っているのかを観察することで、これまでになかったお客様サービスを発見できることもあります。さらに、お客様の行動を深掘りして探してみましょう。

答え B お客様を観察する

マーケ的ポイント **お客様やターゲット層の行動の中に、商売のヒントがたくさん落ちています。自分ではなく、お客様の目線で観察してヒントを見つけましょう。**

あなたは街のクリーニング店を経営しています。丁寧さが売りで、「大事な服はおまかせください」をモットーに続けてきました。最近はチェーン店が「Yシャツ1枚100円！」などと値段で勝負してくるので、お客様も減り気味で困っています。どうにか対策を立てたいと思います。

Q7

客足が遠のいているクリーニング店、お客様を増やす参考にすべきはどっち!?

ライバルのクリーニング店

家電量販店

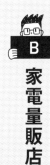

市場にいる３種の人たち

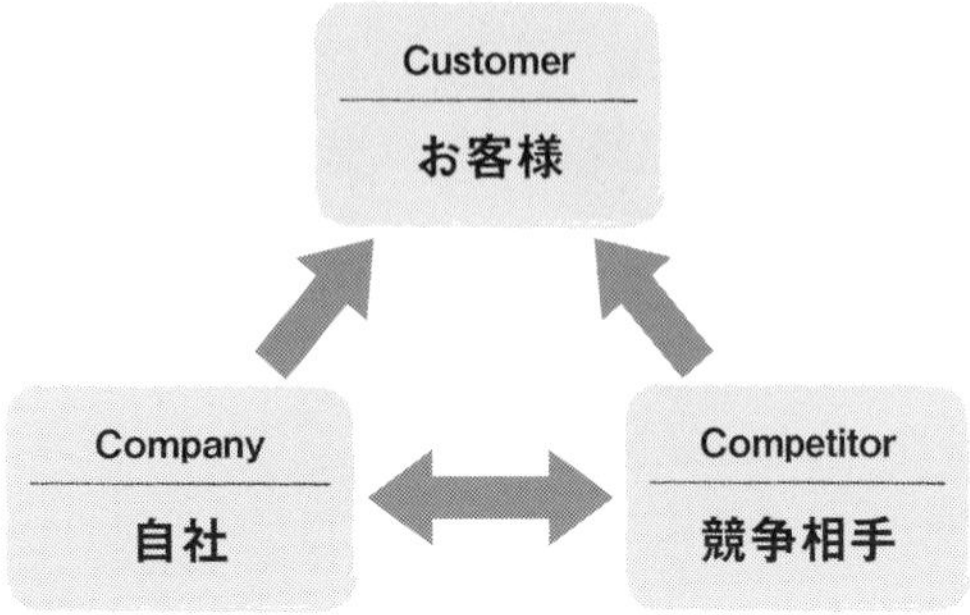

クリーニング店が大事にすべき「認知」と「想起」

クリーニング店は競争が激しい業種の一つです。私の自宅から徒歩15分圏内にも、ざっと10軒以上のクリーニング店があります。激しい競争の中で生き残るには、まず状況を正しく把握することから始めましょう。市場には次の３種類のプレイヤーがいます。

- 自社（Company）
- 顧客（Customer）……お客様です
- 競合（Competitor）……競争相手です

図のように、「自社」と「競争相手」が「お客様」を取り合っており、マーケティング活動をする際の代表的なフレームワークです。これを、三つのCの頭文字から「**3C分析**」と言います。この競争相手は、一体どういう人なのでしょうか？　クリーニング店を例にとって考えてみましょう。

まず、他のクリーニング店は間違いなく競争相手ですよね。「**認知度**」という言葉をご存知でしょうか。自社のことが知られているかどうかの度合いを指します。認知度の中身は2種類あります。一つは「**認知（recognition）**」で、知っているかどうかということ。もう一つは「**想起（recall）**」で、一番に思い出してもらえるかどうかということ。「この辺で一番綺麗にしてくれるクリーニング屋さんと言えば、佐藤クリーニングだよね」といった具合です。客商売で最も大事なのは、最初に思い出してもらうこと。しかし、そもそも認知されていないと想起もされないので、まずは認知されるように努力しましょう。

コカ・コーラの競争相手を整理してみよう

次に、お客様の立場に立って考えてみましょう。よりわかりやすいように、いったんコカ・コーラの事例で見てみます。コカ・コーラの一番の競争相手と言えば、やはりペプシですよね。喉が渇いてコンビニに立ち寄った状況をちょっと想像してみてください。コカ・コーラのすぐ横にグレープ味のサイダーが置いてあったら、「ちょっと買ってみようかな」と思うかもしれません。あるいはすぐ横に富士山の天然水があったら、「カロリーが気になるから水にしようかな」と心移りするかもしれません。はたまた、「やっぱり落ち着いて喉を潤したいから、隣のカフェに行こうかな」と何も買わないかもしれません。このように、コカ・コーラの競争相手はとても多岐にわたります。お客様が求めているのは「喉の渇きを癒すこと」なので、コカ・コーラやペプシに限らず、天然水やお茶もライバルになるのです。

この考え方をクリーニング店のケースに当てはめてみましょう。お客様はスーツを丁寧に仕上げて欲しくてお店に来るとします。この場合の競争相手は、丁寧にクリーニングしてくれる他のお店になります。しかし、「毎日使うYシャツは多少丁寧でなくても、安いほうがいいかな」と思えば、「Yシャツ1枚100円」の店に行くでしょう。ちなみに、私の近所のクリーニング店は不要になった服を持ち込むと、リサイクルに出してくれる上に割引券をくれます。そういうことも、「行く理由」につながるのです。

もう少し考え方を広げてみましょう。「約40℃つけおきコース」という新機能がついた洗濯機が発売されました。これを使えばクリーニング店に頼まずとも、自宅で細かい汚れを取ることができます。その分、クリーニング店のシャツの高級仕上げ注文は減る可能性があります。もし、このサービスを売りにしていたら別の新サービスを考えたほうが得策ということになります。

整理すると、コカ・コーラに対してペプシは**直接の競合**、サイダーや水は**間接的な競合**、カフェは**代替の存在**となります。クリーニング店に対して、他の丁寧なクリーニング店は**直接の競合**、格安クリーニング店は**間接的な競合**、家電量販店で販売している洗濯機は**代替品**となります。

視野を広げると見えてくるもの

クリーニング店に来るお客様が欲しいのは、服を綺麗にすることです。その点で視野を少し広げてみると、クリーニング店に何を望んでいるかが見えてきます。例えば、家電量販店で販売されている洗濯機の新機能を見ると、「ああ、今は丁寧な仕上げがトレンドだな」とか、「洗濯の手順がシンプルなものが売れているのか」といったことが発見できます。そこから「丁寧な仕上げサービス」や「スピード仕上げ」を、販促の目玉にするといったヒントを得ることもできるでしょう。さらに、不要になった服の引き取りサービスなどクリーニングとは別の服にまつわるサービスを付け加えると、お客様の隠れたニーズを満たすことができ、リピートにつながるかもしれません。

重要なのは、広い視野と柔軟な発想を持つことです。競争相手をチェックすることは大事ですが、そこばかり見ていると値引き合戦になりがちです。「お客様が本当に欲しいものは何か？」を考え抜きましょう。そのためには、「もし自分が買いに来たらどう感じるかな？」とお客様の立場になって考えることから始めるといいでしょう。

答え **B 家電量販店**

マーケ的ポイント **近くのライバルだけでなく、たまには違う観点でお客様を見てみましょう。ライバルがやっていないヒントが見つかるはずです。**

あなたは大手清涼飲料水メーカーのマーケティング部の新人です。主力商品には1人ずつブランドマネージャーがいますが、いつも目標値を達成する人と達成しない人がいます。一体この差は何でしょうか。どうも売上データを分析するタイミングが違うようです。

Q8

清涼飲料水メーカーの売上データ、分析すべきタイミングはどっち!?

A

思った通りに「売れなかった時」

B

思った通りに「売れた時」

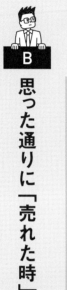

小さく生んで大きく育てる四つのステップ

ＩＴの進化で、自社製品がいつ、どこで、いくつ売れたのかが瞬時にわかるようになりました。私はブランドマネージャーの経験があるのですが、当時は毎日のように上司から「計画通りに売れているのか？」とプレッシャーをかけられていました。特に新製品を市場に出す時や、新しく企画したキャンペーンの時などは、毎日数字とにらめっこでした。

マーケティングの基本は、〝小さく生んで大きく育てる〟です。大企業でも最初から新製品を一斉に全国展開することはせず、まずは札幌や福岡などの地方都市で販売してみます。その成果を確認してから、計画通りにいけそうであればそのままで、計画外のことがあれば修正と改善をしてから、全国に大きく展開するのです。

まずは**計画（Plan）**を立て、**実施（Do）**します。そして、結果を**チェック（Check）**し、修正した後に**展開（Action）**します。これを繰り返してリスク（不確定要素）を減らし、リターン（収益）を大きくしていきます。これを「ＰＤＣＡサイクル」と言います（詳しくは後で述べます）。

最終的な目標は収益、すなわち売上と利益をあげることです。そのための手段として、広告やＰＯＰなどを作って周知していきます。広告や販売促進、営業などが売上を左右するのです。ですから、「この広告は予測した通りの効果があったかな」「営業が使っているポスターに効き目はあるのかな」ということを随時チェックし、必要であれば改善します。

結果のチェックは毎日するに越したことはありませんが、他にも仕事があるため頻繁に時間を取ることができません。私が長年携わってきて感じるのは、人は計画通りにいかない時、「やばい、目標達成できないぞ。なぜだろう？」と慌てて分析しようとします。もちろん、これは正しい行動です。次に同じ間違いをしないように、改善すべき点を探すことは重要です。

不思議な勝ちは分析して上方修正すべし

一方で、目標値を超えると「よかった〜」とホッとして、そのまま祝杯をあげに行きがちです。しかし、それは要注意です。たとえば野球。負ける時は負けるべくして負ける。敗因がはっきりしている。しかし、なぜ勝ったかわからない時こそ、その理由を明確にすべきではないでしょうか。同じことをすれば、次も勝てる可能性を高くできそうです。分が悪い相手のエースに打ち勝った。よく分析したら、二軍から上げたばかりのベテランバッターとの相性がよかった。ならば、次はそのバッターの打順を上げればまた勝てるかもしれない、といった具合です。同じことをビジネスに当てはめると、次のようになります。

- 今年に入って3カ月連続、計画以上の数値である
 ←
- 広告と売上の関係を見てみた
 ←

- 新聞広告を出した日に昨年以上の来客があった
- ← 新聞広告を追加で出そう

この時に重要なのは、「計画の上方修正をすること」。勝てる要素がはっきりすれば、売上目標値を増やすことができます。「計画通りでよかったね」では80点ですが、100点ではありません。喜んでいるだけで何もしないのは、追加の手を打てばもっと売れたかもしれないチャンスを逃していることになるのです。

答え
B 思った通りに「売れた時」

マーケ的ポイント
常に、今自分がやっていることが100%正しいと信じ込まないようにしましょう。市場は私たちが思っている以上に、速く変化しているのです。

あなたは喫茶店のオーナーです。経営方針として回転率を上げて売上をアップするのか、居心地をよくして顧客満足度をアップするのか迷っています。

Q9

新しくオープンする喫茶店の経営戦略、重視すべきはどっち⁉

「回転率」を上げて、たくさんのお客様に来てもらう

「長居」しやすくして、お客様にくつろいでもらう

知っておきたい喫茶店の売上方程式

新しく喫茶店をオープンするとしたら、どんな経営戦略を立てますか？　立地、メニュー、ターゲット……たくさんのことを検討しなければなりません。中でも、お店を継続するために、まず売上と利益について考えるべきでしょう。売上金額の総額は、次の計算式で概算できます。

お客様数×お客様単価×回転数＝売上金額

この三つの要素のどれかを増やせば、売上金額の総量も増えます。例えば、効率をアップして「回転数」を上げることで、売上増を目指すとします。もちろん、お客様をお待たせしないように注文の品を早く出すことは重要です。しかし、手間を惜しんで本来手作りであるべきものをインスタントにしたり、回転数を上げるためにお客様との対話を省いたりして、味気ない店になってしまう例が多々見られます。

コメダの長居戦略

名古屋を中心に全国展開しているコメダ珈琲店という喫茶店チェーンがあります。モーニングやランチタイムはもちろん、朝10時から昼まで、午後3時から夕方過ぎといったいわゆる喫茶店のアイドルタイムもけっこう混んでいます。私も好きでよく行くのですが、お客様は若い主婦からご年配の方まで千差万別。みなさん雑誌を読んだり、おしゃべりをしたりと、過ごし方もバラバラ。ただ一つ共通しているのが、〝楽しそう〟だということ。

コメダの店内をぐるっと見回してみると、まず目につくのはまるでマンガ喫茶のように充実した雑誌と新聞の品揃えです。次に、通常の喫茶店よりも椅子が大きく、ゆったりできるように配置されています。回転数重視の店とは逆に、まるで「長居してください」と言わんばかりです。コメダは他にも次のようなおもてなしを用意しています。

- 路面店は生活道路沿いに立地
- 駐車場の入口は必ず2箇所あることで出入りがしやすい
- 半個室空間を演出し圧迫感を感じさせない距離をキープ
- 名物のシロノワールは人数に合わせて切り分けてくれる
- 常連客に安心感を与える定番メニュー
- 有効期限がないコーヒーチケット

回転数重視のお店と比べて、もう一度行きたくなるのはどちらでしょうか。注文が通ってすぐに出てくるお店は、急いでいる時にはいいでしょう。しかし、わざわざもう一度行きたくなるわけではありません。コメダの場合は、雑誌や新聞が豊富な上にゆったりしているので、1人でもゆっくりできるし、落ち着いて仕事もできます。また、客席が広いので、商談や友達どうしでちょっとお茶を飲むにも使えます。自分のシチュエーションに応じて使い分けることができるため、喫茶店に行きたい時は一番に「そうだ、コメダに行こう」と思い出してもらえるのです。

お客様の心の中にあるたくさんの選択肢の中から、真っ先に思い出してもらうことを「純粋想起（リコール）」と言います。モノやコトがあふれている今、すぐに思い出して選んでもらうことが重要です。お客様の欲しいものよりも目先の売上と利益を重視しようとすると、お客様が離れてしまいます。コメダのように、何度も来たくなる工夫をして、お客様がまた別のお客様を連れて来てくれれば、余分な広告などを出す必要もなくなるのです。

答え

B「長居」しやすくして、お客様にくつろいでもらう

マーケ的ポイント

お客様が気付いていないけれど、してもらったら嬉しい潜在的なニーズを探しましょう。

第2章

売れる商品を買っているのは「どっち」!?

あなたはエステティシャンです。隣町にある人気エステサロンは3カ月先まで予約がいっぱいです。このお店を独立の参考のために研究したいと思います。

Q10

予約が取れない人気エステサロン、どんなお客様が来ている!?

A

広告を見た新規顧客で満席

B

常連のリピーターでいっぱい

本章では、「何を」、「誰に」、「どうやって」買ってもらうかという三つのステップのうちの「誰に」（すなわちターゲット）に焦点を当てていきます。

ドラッカーと近江商人に学ぶ商売の原点

昔からの商店や小規模事業主が生き延びるのが難しい現代こそ、原点に戻ってみましょう。現代経営学の父・ドラッカーは「事業の目的は顧客の創造だ」と言っています。「あれ、おかしいな。企業がすべきことは売上と利益をあげることだよね？」と思う方もいるかもしれません。しかし、それはあくまで手段にすぎません。商売をするということは、お客様と社会に「価値を提供する」ことです。それによって自社も潤うのです。いわゆる近江商人が言うところの、〝買い手よし、売り手よし、世間よし〟の三方よしですね。

もちろん収益をあげることは大事ですが、儲けだけを追求して無理に売ろうとするとお客様は離れていくものです。ドラッカーは、「お客様に有益な情報やサービスを提供して愛される会社になり、ひいてはいつも買ってくれるファンになってもらうことこそ、企業がすべきことだ」と言っています。

最も大事にすべきお客様の種類は？

世の中には大きく分けて2種類のお客様がいます。あなたの商品をまだ買ったことがないお客様と、一度でも買ったことがあるお客様です。ここでは前者を一見《いちげん》さん、後者をお馴染みさんと呼びましょう。ドラッカーはこの「**お馴染みさんを増やしていくことをすべきだ**」と言っています。お馴染みさんがくり返し買ってくれることで繁盛し、新しいお客様も連れて来てくれるというわけです。

マーケティング・コンサルタントである私のところには、新規のお客様を獲りたいという方々が多く相談にいらっしゃいます。しかし、まだ商品を買ったことがない人や自社を知らない人に買ってもらうには、**ゼロから自社の良さを教えなければならない**ので大変です。そのための広告宣伝や販売促進キャンペーン、その分の費用と時間がかかります。したがって、一度でも買ってくれたお客様に、もう一度買ってもらうことを見直してもらうことから始めたいところです。このことを意外と

顧客の種類とすべきこと

製品・サービス ＼ 顧客	既存	新規
既存	お馴染みさんを大事にして何度も来てもらう	既存顧客からの紹介・口コミ
新規	新商品のことをわかってもらうだけでいい	ゼロから自社について教えなければならない

見落とされている方が多いので、気をつけましょう。

上表は、お客様を四つに分類したものです。横軸がお客様（左が既存、右が新規）で、縦軸が自社の製品・サービス（上が既存、下が新規）です。まずは、左上の象限「既存のお客様に既存の商品を買ってもらう」ことを目指します。次に左下の象限「既存のお客様に新商品を買ってもらう」ことです。既存のお客様はあなたのことをすでに知っているので、新商品のことをわかってもらうだけでいいのです。右上の象限は「新規のお客様に既存の商品を買ってもらう」ことになり、右下の象限は「新規のお客様に新商品を買ってもらう」ことになります。新規顧客獲得の手法に関しては、後ほど説明していきます。

このケースのエステサロンも同様ですが、流行っているお店がやっているのは、とにかくリピーターを大事にして何度も来てもらうことです。お客様を愛することで、お客様に愛されるお店になっていくのです。

答え

B 常連のリピーターでいっぱい

マーケ的ポイント

仕事をしていると、どうしても新規のお客様を狙いがちです。しかし、一番いいお客様はお店のファンになってくれた方です。もう一度、自分のお客様が誰なのかを整理整頓してみましょう。

あなたは地域に根ざして20年、地元で愛される街の自転車店の店長です。近所の中学校はみんな自転車で通学をするので、毎年春になる前にはこぞってお客様が買いに来ます。

Q11

新中学1年生向け自転車のキャンペーン、ターゲットはどっち!?

春から実際に自転車を使う小学校６年生

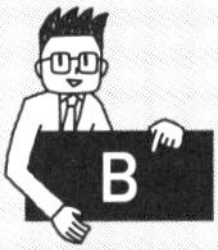

小学校６年生の子を持つお母さん

広告はお客様を絞らないと非効率

この項で考えたいのは、自社の製品を買ってくれそうなお客様を〝絞る〟こと。私がクライアントにこのように言うと、「うちの商品は万人に売れる商品だ」とか、「絞ったら売れなくなってしまう」と不安げに答える社長さんも少なからずいます。

しかし、世の中にモノや情報があふれている昨今、消費者の好みもさまざまです。誰にでも売れる商品はないに等しいのです。今は水や塩のように毎日使うものですら、「富士山の天然水」や「沖縄の雪塩」というように違いをアピールする時代です。

なぜ、お客様を絞るべきなのでしょうか？ それは私たちが持つ「ヒト、モノ、カネ、情報、時間」という大事な経営資源を、できる限り効率的に使って効果を生むためです。例えば10万円分の広告費で30万円の売上よりも、しっかり対象を絞った広告で１００万円の売上をあげるというようなことです。

この自転車店のケースで言えば、広告対象を小学6年生だけに絞れば10万円の予算をまるまる使えますし、従業員も小学6年生に対してのサービスに集中できます。

しかし、6年生とお母さんの両方に向けた広告を出そうとすると、単純計算で予算はそれぞれ半分の5万円分ずつになり、広告が届く量も半分になってしまいます。

しかも、お母さん向けの広告は子供には覚えてもらえず、子供向けのキャッチコピーもお母さんには響きにくいでしょう。資金や人材が無限にあればいいかもしれませんが、経営資源はどれも有限です。絞り込んで効果を最大化したいものです。

四つの切り口でお客様を絞ろう

次は、お客様の絞り方です。お客様の種類によって、次の四つの切り口に分ける手法を紹介します。

1 属性（年齢、性別、職業など）
2 地域（どこに住んでいるのか、働いているのか）
3 価値観（何を大事にしているのか）
4 行動（普段は何をしているのか、どんなライフスタイルを送っているのか）

まずは、目に見えやすい属性と地域から考えます。「属性」は人口統計のようなもので、「地域」は場所です。このケースで言えば、この2つを合わせると「お店の近所に住んでいるアラフォーの子持ち主婦」となります。

さらに価値観と行動で絞ると、より効率的にアプローチできます。「価値観」は迷った時に何を基準に買うか、ということ。値段で言えば、「1円でも安いものを買う」「いいものであれば少しくらい高くても買う」ということになります。「行動」は普段誰と一緒に何をしているか、ということ。ママ友とランチで子供の話をしている、などです。

街の自転車店は、値段の安さではネット通販や大規模店舗にはかないません。それより懇切丁寧なサービスで勝負するしかありません。そうなると、ターゲットは「40代で小学6年生の母親（ここまでが**1**）で、店舗の近くに住んでいる人（**2**）。大事な子供の命を乗せて走るから、安物よりも少しくらい高くてもいい自転車を教えてもらって買いたいと思っていて（**3**）、ママ友どうしでカフェなどで情報交換をしている人（4）」となります。何となく、お客様像が頭に浮かびませんか？
ここまで絞って初めて、どうやって買ってもらうのか、を考えます。買ってもらうための手法があまりにも多いため、選んだ方法が合っているのかどうかわからないからです。手法に振り回されてはいけません。

もう一つ大事なことはターゲット層の規模感です。絞ったターゲットがどのくらいなのかを想像してみましょう。それが、あなたが狙う**市場の大きさ**になります。

あなたが売りたいものは高関与商品か、低関与商品か？

新中学1年生用の自転車をアピールすべきは、実際に乗る子供か、それとも買ってくれるお母さんなのか。使う人と買う人が別という意味では、スナック菓子のマーケティングに似ています。しかし、実際に購入に至るまでの過程で考えるべきことの数と複雑さが全く違います。100円くらいのお菓子やジュースならば、現在持っている情報で即決できるため、子供が欲しいと言ったものを買うことが多いでしょう。

しかし、自転車となると、「安全かどうか」「どんな機能が付いているのか？」「値段は？」「あと、何年乗るのか？」などいろいろなことを考えてから買うかどうかを決めます。お菓子のように、あまり深く考えずに買う商品を「**低関与商品**」、家や自動車、生命保険のように多くのことを複雑に考えて買う商品を「**高関与商品**」と言います。

もう、おわかりですよね。高関与商品の場合は、意思決定をする人、つまりお財布を握っている人にアピールするほうが効率的なので、このケースもお母さんにアピールするべきです。

彼女たちは、子供のためなら時間を惜しまず情報交換をします。信頼できる友人からのクチコミは安心につながります。その機会を自分の商売でしっかりと作ってあげれば効果的です。

答え

B 小学校6年生の子を持つお母さん

マーケ的ポイント

実際にお店に来て買う様子を想像してお客様を絞りましょう。絞るのを恐れてはいけません。お客様は〝安心できるところ〟に集まります。売り込むよりも、どうしたらお客様が安心して商品を買うことができるかを考え、売り方を工夫しましょう。

あなたはオフィス街にあるステーキが美味しいレストランのオーナーです。ランチタイムは弁当も販売することにしました。

Q12

オフィス街のステーキレストラン、売れるランチ弁当はどっち!?

ビーフサンドイッチ

ステーキ弁当

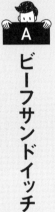

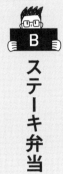

自社都合のプロダクト・アウトと市場都合のマーケット・イン

サラリーマンにとって、ランチタイムは午後に向けて気分転換できるホッとするひと時です。しかし、いざ外に食べに出ると、どこも混んでいて待たされるし、せっかくお店で食べていても落ち着かないこともしばしばです。そんな時に並ばずにさっと買えて、オフィスでも公園でも手軽に食べられる弁当はサラリーマンの強い味方です。お店にとっては店内での飲食に加えて売上増につながりますし、店でゆっくり食べられないお客様にとっては同じ味を弁当で持って帰ることができます。

では、どんな弁当にすればいいのでしょうか。ステーキ店なので、やはりステーキ重、それともビーフカツのサンドイッチ……と自社の得意なところから決めていくのも一手です。このようなアプローチを、自社製品の強みを中心に世に出すという意味で「**プロダクト・アウト**」と言います。

一方で、「ＯＬが多いからヘルシーな野菜中心にしよう」とか「午後からの外出に備える営業マンに向けてスタミナ丼だな」と、お客様が欲しがりそうなものを開発するアプローチもあります。これを、市場のニーズをつかもうとして入っていくという意味で**「マーケット・イン」**と言います。

ランチタイムの「犠牲」をサーチ&デストロイ

ここでは、お客様ニーズから商品開発するマーケット・インのアプローチで考えましょう。お客様は「価値がある」と思うものを買います。お客様にとっての価値には、価格や素材、サイズなどの「機能的価値」、心で感じる「情緒的価値」があります。

このお客様にとっての「価値」を、もうちょっとしっかりとらえましょう。価値とは、お客様が何かを体験する時、例えば商品をコンビニに買いに行き、欲しいものを探し、見つけてレジに行くという一連の体験での**「利益」と「犠牲」**のギャップです。ちょっとわかりにくいと思いますが、数式では左ページのようになります。

$$価値 = \frac{利益}{犠牲}$$

つまり、分子である「利益」を大きくして、分母の「犠牲」を小さくすれば、お客様の喜びが大きくなるのがわかりますよね。よくある落とし穴は、お客様利益にあたるサービスを大きくすることしか考えず、犠牲に気付かないことです。100の利益を提供しても、100の犠牲があったら、顧客価値は1です。仮に70の利益しかなくても、10の犠牲だったら、顧客価値は7なので前者よりも価値を感じてもらえます。

犠牲についてわかりやすく言うと、表示価格以外にかかるお金（例えば割増料金）や、時間が余分にかかったりすることです。具体的には、サイト内検索をしないと商品がどこにあるのかわからずイライラするネット通販のホームページや、美味しいけれど週末はいつも混んでいるラーメン店は犠牲が大きいと言えます。いくら美味しいラーメンを出すことができても、時間がかかる店には行きたくないお客様もいるでしょう。

さて、お弁当の事例に戻り、前項で述べた「行動」「価値観」、今回の「犠牲」をトータルで考えてみましょう。ビジネス街での弁当販売は、昼休みが1時間しかないサラリーマンが相手です。美味しさや値段も重要ですが、制限時間内でいかに手早く食べられるかということも決め手になります。ビーフサンドイッチなら手軽で、仕事をしながらや雑誌を読みながらでも食べることができます。美味しさと同時に、時間という犠牲を減らすことで価値を提供できます。もし、お客様にカロリーを犠牲と考える女性が多いなら、「ヘルシー野菜弁当」や「五穀米」などのメニューも一案となるでしょう。

大事なのは、ライバルの値引きなどに振り回されずにお客様が感じる価値は何なのかを考え抜くことです。利益を増やし、犠牲を発見して減らす努力をしましょう。

答え

A ビーフサンドイッチ

マーケ的ポイント

顧客価値を高めるために、お客様の立場に立って何ができるかを考えてみてください。その時にお客様が犠牲にするであろうことを発見し、それを減らすことを忘れないようにしましょう。

あなたはお酒のディスカウントストアの店長です。お客様に安いお酒以外にも、高いお酒も買ってもらえるような店内放送を企画中です。

Q13

酒のディスカウントストア、高いお酒が売れる店内放送はどっち!?

A

本日の目玉商品の情報

B

自慢の米と水で作られた銘酒の情報

心が動いて買うまでの六つのステップ

人は感情で物を買うという「情緒的価値」について、もう少し考えてみましょう。私は家族で旅行に行くといつもお土産を買います。妻や娘もよくキャラクターのついたミニタオルなどを手にとって「あ、これかわいい〜」と、ああでもないこうでもないと購入を検討します。この「かわいい」というのが感情、すなわち情緒的価値です。

そして、検討内容、例えば値段や素材、サイズなどが機能的価値になります。人はまず情緒的価値で「ふむふむ、良さそうだな」と手にとってみて、だんだんと中身を深く考えていくものです。心が先で、頭が2番目なのです。

消費者が、欲しいものを見つけてから買うまでの心の動きを順に追うと、次のようなステップになります。

1「あ、何だろう?」と見つける
2面白そうだなと興味を持つ
3欲しいなと思う
4ネットなどで調べる
5買う
6使ってみてクチコミをする

この1から3くらいまでが心で感じるということ。まずは、心を揺さぶることで注意を引き、興味を持ってもらうようにしましょう。

店にいるお客様が値引きよりも欲しい情報とは

ディスカウントショップや家電量販店では、「他社より1円でも高かったら店員まで!」とか「比べてください」などの店内放送が流れています。しかし、すでにお店にいるお客様が最も知りたい情報は値段の安さではありません。そんなことはネットで調べればわかります。

それよりも欲しいのは、お店からの〝プロならではのお勧め情報〟です。この酒のディスカウントストアのケースで言えば、「日本棚田百選にも選ばれた米どころ岩手の米と、清らかな岩手山の伏流水を使った銘酒を、うちのバイヤーが自分の足で探してきました。これからの冬には白身魚のお刺身にぬる燗でいただくのが最高です」と教えてあげると、「ふむふむ、ちょっと見てみようかな」という気持ちになります。

実際に買ってもらうのはお酒ですが、お客様が本当に欲しいのは〝大事な人と一緒にお酒を楽しむ時間〟なのです。毎日飲むビールは安いほうがいいかもしれませんが、日本酒のような嗜好品に関しては、その商品を使う時の情景を感じられると、お客様の買いたい気持ちも強くなります。

お客様には「商品を使ったらどうなるのか？」を想像してもらいましょう。そうすれば安売りをせずとも、お客様に選んでもらえます。その時のコツは、「ストーリー」を伝えることです。商品が作られた場所や、素材の由来、開発秘話など、興味深い物語を前面に出すと、お客様の心に伝わるメッセージとなるのです。

答え　B　自慢の米と水で作られた銘酒の情報

マーケ的ポイント　その道のプロとして、お客様が喜ぶ有益な情報を教えてあげましょう。商品の良さを知って気に入ってもらえたら買ってくれます。

あなたは老舗のお菓子問屋の３代目です。昔ほど売れなくなってきて、困っています。

Q14

老舗のお菓子問屋、起死回生を図るためのターゲットはどっち⁉

お菓子大好きな子供

ビジネスパーソン

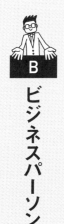

名古屋のお菓子問屋のイノベーション

お菓子問屋の仕事は、メーカーからお菓子を仕入れて、小売業者に売ることです。つまり、問屋のお客様は「企業」ということになります。これまでの事例のお客様は個人である一般消費者でしたが、このケースのお客様は法人である菓子店やコンビニ、スーパーマーケットの仕入れ担当者になります。前者はビジネス（Business）をする人から消費者（Consumer）へという意味で「**B to C**」、後者はビジネスをしている人からビジネスをする人へという意味で「**B to B**」と言います。

問屋もただ単に商品を右から左に流しているだけでは、お店から「直接メーカーから買うから、あなたのところからはいらないよ」と言われてしまいます。一般のお店が減っているのと同じく、やはり競争が厳しいのです。名古屋の株式会社ナカムラというお菓子問屋が、「まいあめ」というECサイトを運営しています。職人を集めて、オリジナルの組み飴を作って販売しています。組み飴とは、どこから切っても同じ模様が出てくる金太郎飴のようなもの。例えば、「合格」の文字が入ったオリジナル合格飴は、毎年受験シーズンになるとテレビや新聞の取材で連日報道されます。少ない発注数でオリジナルパッケージもでき、かく言う私も著書ができた時に本の表紙がパッケージの飴を作ってもらったことがあります。

こうなると売上増加はもちろん、ターゲットである企業へのアピールにもなります。さらに、数量をまとめて発注すれば、社名ロゴの組み飴を注文することもできます。つまり、これまでの顧客とは違う層、例えば企業の商品企画担当者を開拓できるのです。

あなたの会社の需要を作っているのは誰なのか

お菓子問屋だからといって、必ずしもお菓子好きな子供だけがお客様というわけではありません。実際にお菓子を仕入れてくれる人は、スーパーやコンビニのバイヤーなどの大人です。また、商品の売り出し方を少し変えるだけで、自社だけの価値を新しく提供できるお客様にアピールできます。

最終的に需要を作るのは誰か？

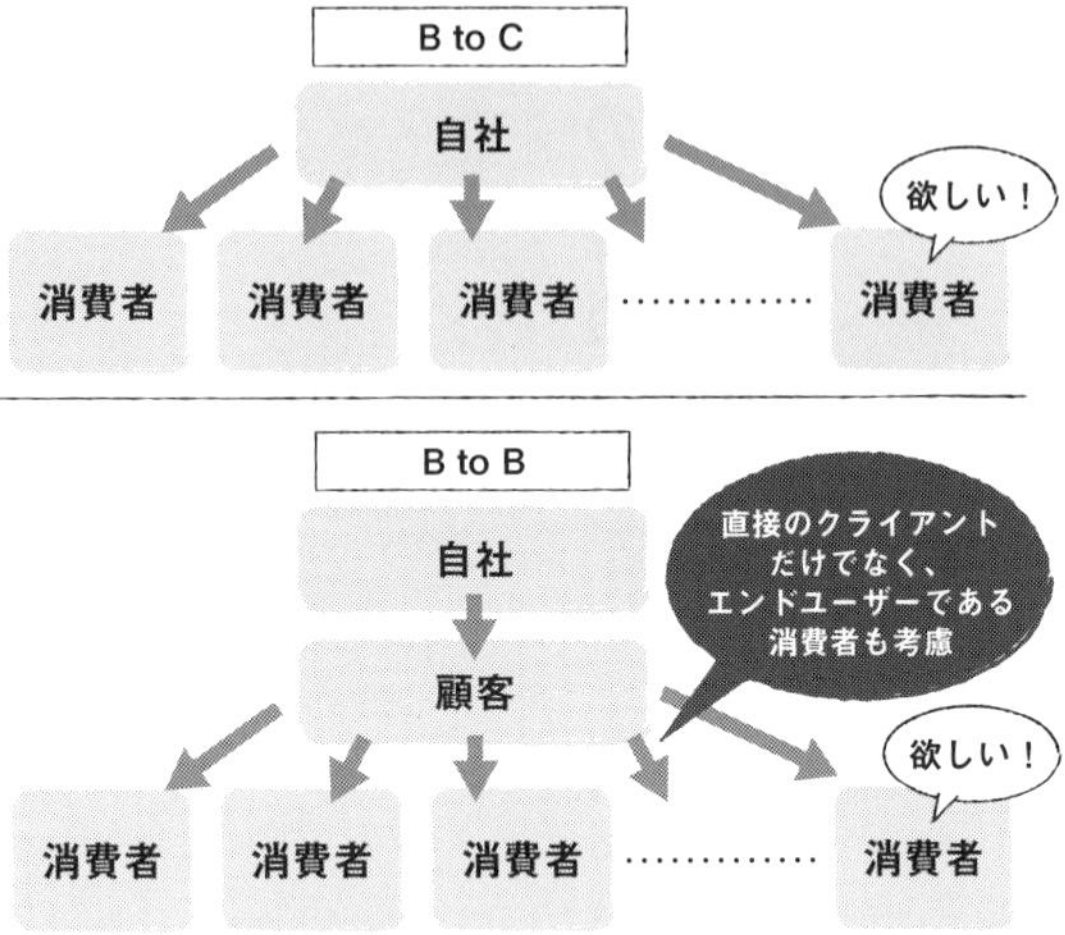

さらに図で、B to CとB to Bで実際に商品の「需要を作るのは誰か」について、より深く考えましょう。B to Cでは需要を作るのはお客様（消費者）ですが、B to Bではお客様（企業）が相手にしている一般の消費者、すなわちエンドユーザーです。自社のお客様のお客様が、何を欲しがっているのかを考慮して提案しなければなりません。

私のような企業向けコンサルタントは完全にB to Bで、お客様は企業経営者です。例えば、私のクライアントに引越会社の社長がいらっしゃいます。私への需要を作るのはこの会社ですが、クライアントのお客様は一般の消費者です。もし、あなたの仕事がBtoBの場合、「企業相手に営業すればいい」と思ったら大間違いです。あなたのお客様の向こうにいる消費者こそが、お客様の大事なお客様なのです。したがって、BtoBではエンドユーザーの消費者を考慮して提案することが重要です。

また、BtoCでの商品購入はお客様自身の「欲しい」という感情で決まります。「喉が渇いたからジュースを買おう」といった具合です。一方で、BtoBでの商品購入はもっとビジネス的に決まります。例えば、「100万円以上の契約は上司の決済が必要です」「3社から見積もりをもらって比べなければなりません」といった具合です。したがって、BtoBではお客様の社内情報に詳しいほど契約の確率は上がります。

答え

B ビジネスパーソン

マーケ的ポイント

お菓子を売るといって、必ずしもターゲットは子供だけではありません。
実際に売る相手と、その先にいる人のことまで考えの幅を広げましょう。

あなたは自動車販売店の企画担当です。新規顧客獲得のためのキャンペーンを立案中です。

Q15

自動車ディーラー、たくさん売れるキャンペーンはどっち!?

A

無料の音楽コンサート

B

お友達紹介キャンペーン

お馴染みさんに新商品を買ってもらう方法

ここまで、お馴染みさんを大事にすることを述べてきましたが、次のステップとして既存のお客様に新商品を買ってもらうことを考えましょう。つまり、お馴染みさんに新商品を買ってもらうのです。一度は買ってくれたのですから、あなたの会社のことを一から教える必要はありません。その分だけでも、広告宣伝費用などの負担が軽く済みます。

私は以前、「J：COM」ブランドのジュピターテレコムというケーブルテレビ運営会社でマーケティング・マネージャーの仕事をしておりました。ケーブルを使って、多チャンネルテレビ、インターネット、固定電話をそれぞれ利用できるサービスを提供していました。1999年のことなので、多チャンネルテレビはおろか、インターネットもそれほど普及していなかった時代です。

新規のお客様には、まずケーブルテレビをお勧めしました。テレビの普及率は90％以上でどのお宅にもあり、三つのサービスのうち最もわかりやすかったからで

顧客の種類（ケーブルテレビの場合）

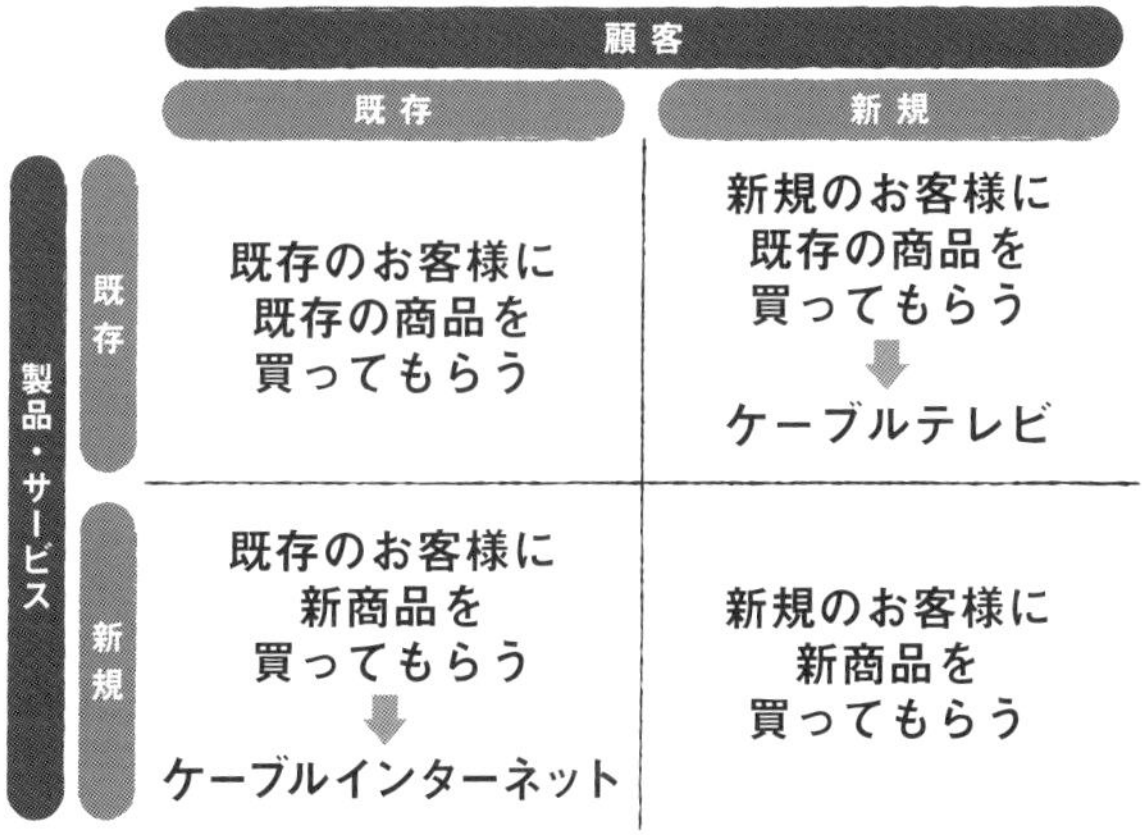
顧客
既存
新規
製品・サービス
既存
新規
既存のお客様に
既存の商品を
買ってもらう
新規のお客様に
既存の商品を
買ってもらう
ケーブルテレビ
既存のお客様に
新商品を
買ってもらう
ケーブルインターネット
新規のお客様に
新商品を
買ってもらう

す。ケーブルテレビをご契約いただいてから、初めてケーブルインターネットの「良さ」をお勧めするのです。

当時は、電話回線を使った「１時間あたり５００円」などの時間課金制インターネットが大半でした。通信速度も遅くて、ページ表示もゆっくり。ケーブルテレビにすでにご加入いただいているお客様には、「常時接続のケーブルインターネットなら、いくら使ってもお値段が一定です」「通信速度は電話より速いのでサクサク見ることができます」「これだけ便利で、このお得なお値段！」とご説明しました。すでにテレビ契約をされているので、「J：COMとはこんな会社で〜」と説明する必要はありません。ケーブルテレビとインターネットのセット料金を用意して、お客様に特典をご提供しました。

購入してもらった商品（毎日使うような消費財の場合は、よく買ってくれる商品）やサービスを、より上位のものに移行してもらうことを「**アップセル**」と言います。また、いつも購入してくれる商品やサービスに加えて、お客様が欲しそうなものを組み合わせて購入してもらうことを「**クロスセル**」と言います。例えば、スターバックスでいつも普通のドリップコーヒーを頼む方に「カプチーノはいかがですか？」とお勧めするのがアップセルで、「コーヒーとご一緒にサンドイッチはいかがですか？」とお勧めするのがクロスセルというわけです。

このように、一度でも買っていただいたお馴染みさんは、とても素晴らしいお客様です。まずは、そのお客様によりよい商品やサービスをお勧めすることを考えましょう。

レクサス星が丘に学ぶお客様の喜び第一主義

企業は新規顧客を獲得することも大事です（１０１ページ図の「新規のお客様に既存の商品を買ってもらう」象限）。新規のお客様を獲得するのはとても大変です。お客様は基本的に知らないものは買わないので、一から自社について教えてあげなければなりません。市場にいる未知のお客様に向けて広告を打ったり、飛び込み営業で説明するのは多大なお金や時間がかかります。

一番いいのは、信頼されているＶＩＰのお客様からご紹介いただくことです。このように言うと、よくある反応が「わかりました！　お友達紹介キャンペーンですね」というもの。紹介者と新規のお客様にそれぞれ５０００円差し上げます、というアレです。それも悪くはありませんが、５０００円まけてもらうのが好きな人、すなわち安さにこだわるお客様が集まってしまいますよね。それでは値引きするのと同じことです。やはり〝値引き好きな人〟ではなく、〝あなたを好きな人〟に買ってもらいたいところです。

名古屋にレクサス星が丘という車のディーラーがあります。日本でも有数のお客様満足度のお店です。こちらでは、レクサスを買ったお客様を1組2名で音楽コンサートに無料招待するそうです。2名ですから、お友達と行くことが多くなります。レクサスを買う人のお友達となると、同じクラスのベンツやBMWに乗っている人も多いでしょう。そして、「こんな素晴らしいライブに招待してくれるってすごいね。僕にも営業の人を紹介してよ」となるわけです。何も音楽ライブを開催しましょう、と言いたいわけではありません。お客様に喜んでもらうには何をしたらいいのかをいつも考えることで、このような顧客価値を提供するキャンペーンを思いつくことができるということです。

私の友人にイタリアの有名ブランドの銀座本店の店長だった方がいます。彼は「お客様って、欲しいものがないんですよね」と言います。「どういうこと?」と聞くと、「モノを売ったことってないんですよ。とにかく喜んでいただくことだけ考えてきました」との返答が返ってきました。

例えば、お店の２〜３階がＶＩＰルームになっていて、夕方くらいからそこでワインやシャンパンを傾けながら立ち寄られた上顧客の方々とお話をする。喜んでいただくために、新しくできた飲食店や老舗の新メニューなどの情報をお伝えする。また、「弊社の創業家がイタリアに買ったワイナリーで造った、ここだけのワインです」などと言って限定ワインを堪能してもらう。すると、帰る時に「あなたのお時間をこんなに使わせちゃって悪かったわ」とおっしゃられて靴や服を買って帰られる、とのこと。

人は売り込まれると、気持ちが引いてしまうものです。特に、まだ商品を買ったことがない新規のお客様ならなおさらです。レクサス星が丘や有名ブランドの店長のように、〝売り込む〟必要はありません。自社の良さを〝知ってもらう〟ことから始めてみましょう。

答え

A 無料の音楽コンサート

マーケ的ポイント

新規顧客は無理に獲得しようとせず、VIPから紹介してもらえる仕組みを作りましょう。お客様にとって有益で、楽しんでもらえるものが最適です。

Q16

贈答用の純米大吟醸、売る相手はどっち!?

あなたは造り酒屋の杜氏です。限定品の純米大吟醸を新ブランドとして商品化しようと考えています。特に狙いたいのはお歳暮などの贈答市場です。

酒豪のお父さん

下戸の娘さん

自分用と贈答用が求めるもの

前項でも述べたように、お馴染みさんへの対応は次の順番で重要です。

1. もう一度買ってもらう
2. 新しい商品やサービスを買ってもらう
3. 新しいお客様を紹介してもらう

ただ、お馴染みさんも大事ですが、ビジネスは新しいお客様を獲得しないといけません。その場合、「誰に買ってもらうか」の前に「売れる市場はどこにあるか」を考え、そこに「どんな人がいるか」を考えます。

私は以前、スイーツのラスクのコンサルティングをしたことがあります。デパ地下やクリスマスフェアなどの催事をはじめ、ネットでも販売していました。お客様の購入目的は、「自分用」と「プレゼント用」の2種類。大事な人へのギフト市場は、当時のスイーツ業界でまだ伸びている時期でした。考えてみれば、スイーツを買う機会はバレンタインやハロウィン、お中元、お歳暮、ご訪問のお持たせなどたくさんあります。

お客様にとって、自分用とプレゼント用では求めるものが全く違います。自分のために買う時は、「包装はゴージャスでなくてもいい」「少しくらい形が不揃いでもいい」「値段はお得なほうがいい」などと考えます。よく通販で、形は不揃いだけど味はA級品の梅干しや明太子が〝わけあり商品〟としてお値打ち価格で販売されているのは、そのためです。

お客様がプレゼントを買う理由を想像しよう

一方で、好きな人やお世話になった方へのプレゼントとなると、そうはいきません。贈る相手のことを思い浮かべながら、「あの人は甘さ控えめのチョコレートが好きだから……」「うちのお義母さんは抹茶味が苦手だし……」などと考えを巡らせます。このように買う人と使う人が異なる場合は、お客様を絞る時に両方を考えなければなりません。

私が主宰する塾の杜氏をされている塾生が、こんなことを言っていました。

「うちのお酒を贈り物として催事などで買ってくださるお客様は、お酒を飲めない女性が多いんです」

「へえ、それは面白いね。どうして？」

「下戸の女性の方がお酒好きの人に贈る時は、しっかりとお調べになります。お酒好きな人は久保田などの有名な銘酒はすでに飲んだことがありますが、うちのお酒は知る人ぞ知る地酒ですから、お酒好きだけどまだ飲んだことがない人ほど喜んでもらえるのです」


ここで、お客様の心の中を考えてみましょう。まず大事なのは、お酒を買うお客様は必ずしもお酒好きとは限らない、という点です。固定観念を外して自由な発想をすることが大切です。お酒を買うのは贈る相手を喜ばせたくて、「少しくらい高くても、他で売っていない美味しいお酒がいい」という価値観を持っている人です。そうなると値段の安さだけでは比べられなくなり、自分の得意な土俵で戦うことができるようになります。

このように、お客様が買うシチュエーションによって、買う理由もさまざまだということを知っておくと、お客様が欲しいものをいろいろな形でご提案できます。心の中は数値にしたり目に見えたりはしないので、普段からお客様を観察して自分で発見することから始めましょう。

答え

B 下戸の娘さん

マーケ的ポイント

お客様はモノだけを買うのではありません。モノやサービスを使っている自分の楽しさや、プレゼントする相手の喜びを買うのです。そこまで想像して買ってもらうことを考えましょう。

第3章

流行るお店の
売り方は「どっち」!?

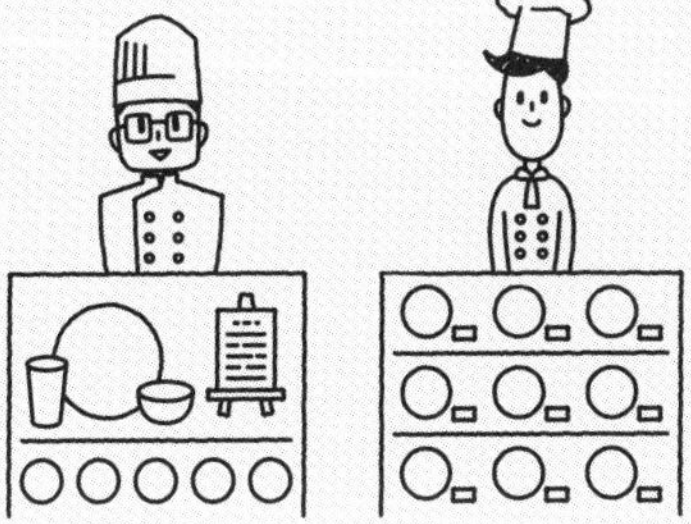

あなたは夫婦2人でベーカリーを始めました。お店は新しい住宅地にあり、子供連れの若いファミリー層が主なお客様です。そこで決めておきたいのが、お店のキャッチフレーズです。

Q17

ベーカリーのキャッチフレーズ、どっちが売れる!?

「とにかく美味しいメロンパン」

「何でも美味しいパン屋さん」

ここまで、「売れる仕組み」の三つのステップのうち、「何を」「誰に」買ってもらうか、について考えてきました。本章ではいよいよ、「どうやって」買ってもらうかの段階に入ります。いわゆる広告宣伝やキャンペーンなどの販売促進の分野です。

お客様へのラブレターの届け方

自分が手がけたものを世の中に出すことにおいて最もやり甲斐のあるのが、この「どうやって買ってもらうか」です。その中身は、「**メッセージ**」と「**メディア**」です。メッセージは、キャッチフレーズや宣伝文句などの「文字」と、画像や動画などの「イメージ」の組み合わせです。マーケティング用語では、二つ合わせて「クリエイティブ」と言います。

メディアは、テレビや新聞・雑誌、インターネット、チラシなどの「媒体」です。英語で「Vehicle」、すなわち「乗り物」とも表現します。ターゲット層に伝えたいことを〝刺さる表現〟にして、ターゲットが見ていそうな媒体に乗せて届けます。

あらためて、三つのステップをまとめてみましょう。

1「何を」……自社だけの強みを

2「誰に」……買ってほしいお客様に

3「どうやって」……響く表現を考えて届ける

これって、大好きな人にラブレターを出すことに似ていると思いませんか？　学生時代を思い出してみてください。クラスの異性に一目惚れして、何とかお付き合いしたい。自分の思いを伝えるにはどうすればいいか悩んだ末に告白するには、どうしますか？

1「何を」……自分がどういう人で、なぜ君を幸せにできるかを

2「誰に」……大好きな人に

3「どうやって」……一番喜んでもらえる表現で、一番思いが伝わる手法で告白する

ステップ**3**「どうやって」は、表現、すなわちメッセージが大事なお客様の記憶

に残らなければ意味がありません。「自社だけの強み」を、どうやったらお客様にわかってもらえるか。このベーカリーで言えば、どうなるでしょう。

お店を開いたばかりなら、「うちは何でも美味しいよ」と言いたくなります。食パンはフカフカ、できたてのフランスパンはカリッと焼けている、クロワッサンは朝食にもってこい、野菜サンドはヘルシーでイチオシ……。

でも、「何でも美味しい」というのは、お客様にしてみれば「普通のパン屋さんと同じか……」と感じてしまうもの。なぜなら、パン屋さん自身が「美味しいパン屋ですよ」と言うのは当たり前だからです。「何でも美味しい」とアピールした時点で、お客様の中のお店のイメージはぼやけてしまい、記憶に残らなくなります。

私の家の近所に、とても美味しいお米パンを扱っているお店があります。見た目は小さめのフランスパンですが、もちもちとした食感で味も濃く、他の店では買えません。夕方に行くと、いつも売り切れています。娘から「お父さん、今日の夕ご飯にお米パン買ってきてよ」と、ご指名がかかったりします。このように、そこにしかない商品があることは、お客様にとって「そこに行く理由」となります。クロワッサンでもサンドイッチでも何でも美味しいベーカリーということは、お客様がお店に来てから教えてあげればいいのです。まずは、数ある自社の強みからイチオシを絞って表現しましょう。

強みを絞って相手の記憶に残ろう

強みを絞った表現が使えるのは、何も飲食店のようなBtoCの商売だけではありません。対企業向けのBtoBでも効果的です。私は企業経営者の方々にアドバイスさせていただいていますが、「経営全般、何でもできるコンサルタントです」といった自己紹介は絶対にしません。「マーケティングに特化したコンサルティングと研修を提供します」とはっきり言います。「何でもできる」と宣言した瞬間に他の経営コンサルタントの方々や企業と比べられ、特徴を感じてもらえずに埋もれてしまうからです。その結果、相手の記憶に残らなくなるのです。

先にもお話ししたように、まずはターゲット層に「認知」されること。そして、次に重要なのが一番に「想起」されることです。私の場合の想起は、「マーケティングをわかりやすく教えてくれる人と言えば、理央さんだよね」になります。この「○○と言えば」の「○○」は、絞れば絞るほど相手の印象に残ります。しかも、競争が厳しい広いマーケットよりも、絞ったマーケットのほうが早く一番になることができます。ただ、「市場規模」には注意してください。せっかく絞っても、世の中に3人しかお客様候補がいないとなると商売になりません。

私の友人のある女性税理士は、出会った当初の名刺に「飲食店専門の税理士」と書いてあったので強く印象に残りました。聞けば、税理士になる前は居酒屋チェーン店に勤務していて、さらに調理師免許も持っているとのことでした。その数年後にお会いしたら、「理央さん、もっと絞ったのよ」と渡された名刺には、「女性集客がしたい飲食店専門の税理士」と書かれてありました。

もし、あなたが飲食店のオーナーで、この名刺をもらったら「あれ、私に関係ありそうだな。ちょっと話を聞いてみようかな」と思いませんか？　彼女は自分の経歴から飲食店特有の集客などの悩みを解決できる術を持っているので、少し話をしただけで「この人なら、うちの店を何とかしてくれそうだな」と感じさせることができるのです。さらに、彼女のクライアントに集客に悩む他の経営者が相談したら、「飲食店専門で集客にも強い人がいるよ」と紹介してもらえる可能性もあります。ひいては、新規顧客獲得につながる可能性も高まります。名刺にただ「税理士」とあるだけだったら、きっと記憶に残らず、名刺入れの肥やしになっていたでしょう。

強みを絞って表現すると、「他のお客様が来なくなりそうで不安です……」という声をよく耳にします。しかし、その前段階でお客様の記憶に残らなければ、そもそも誰ひとり来てくれません。もし評判を聞きつけて来たお客様が強み以外を求めたとしても、素直に応じればいいだけです。実際、この女性税理士も強みを絞ったことで、自分のことをよく理解してくださる優良顧客が増えたそうです。

答え

A「とにかく美味しいメロンパン」

マーケ的ポイント

「何を」「誰に」を徹底的に考え抜いてから、「どうやって」買ってもらうかを考えましょう。ここでも〝絞る〟ことが大事です。お客様に喜んでもらえる自社だけの「価値」を一つだけに絞って伝えましょう。

あなたは繁華街にある昔ながらの洋食店の店主です。近くにできたファミレスやイタリアンバルの影響で、お客様も減り気味です。今では、名物のデミグラスソースで煮込んだハンバーグを食べに来てくれるお客様もちらほら。そろそろメニュー表を一新しようと思っています。

Q18

お客様が減り気味の洋食店、繁盛するメニュー表はどっち!?

A

生姜焼きからオムライスまで全メニューを見やすく並べる

B

イチオシの煮込みハンバーグを目立たせる

すぐに思い出される名物はありますか？

お寿司、ラーメン、カレーライス、焼肉、フランス料理に中華料理……世の中にはたくさんの食べ物があります。会社員時代はランチが大きな楽しみで、「今日は何を食べようかな」と毎日ワクワクしながら同僚と出かけていました。今でも得意先やビジネスパートナーと食事しながら打ち合わせをする時は、お店選びが楽しみです。

お店の経営者は、このような状況から選ばれなければならないので大変です。そのためには、まず覚えてもらうこと。人は知らないものを買ったり知らない店に行ったりすることはないので、存在を知ってもらうことから始めます。最初の段階では「あなたのお店が何屋なのか」をお客様に教え、次に「何を、いくらで売っているか」を伝えます。このケースで言えば次のようになります。

1 うちは洋食店です

2 イチオシの煮込みハンバーグが1200円。オムライスやステーキもありますよ

次に大事なのは、お腹がすいてレストランに行きたい時に、数ある候補の中から一番に思い出してもらうこと。その時、他にない「自分だけの強み」（このケースでは名物の煮込みハンバーグ）があると、一番に思い出してもらいやすいですよね。これをお客様の目線で考えると、次のようになります。

1 お腹がすいたな。どこの店で食べようか？
2 今日は洋食の気分だな
3 つばめグリルのハンバーグか、栄養軒のミックスフライにしよう

世界の山ちゃんという居酒屋があります。私の地元名古屋には都心の駅前に何店舗もあり、いつも混んでいます。居酒屋メニューも充実していますが、目玉商品は〝手羽先〟です。世界の山ちゃんは手羽先の強烈なインパクトにより、数ある居酒屋の中から「手羽先が食べたくなるよね」と選ばれるのでしょう。このように、お

店の名前がすぐに浮かぶと、来店につながります。やはり、名物メニューがあると思い出してもらいやすくなるのです。

リピーターは記憶に残るメニューから

飲食店にとって重要なのは「既存」のお客様にもう一度来ていただくこと、すなわち「リピーター」です。では、逆にお客様がリピートしなくなる理由を考えてみましょう。これを経営講座で質問すると、多くの方から「味が落ちてしまったから」「店員さんの態度が悪かったから」などの回答が出てきます。

こういった不満があれば当然ですが、お客様が来なくなる根本的な理由は〝忘れられてしまうから〟です。お客様はよくも悪くもわがままです。こちらが願うように、いつまでも覚えているとは限りません。だから、わかりやすく自社の良さを教えてあげなければならないのです。

もし、この洋食屋さんのメニュー表に1ページ全部を使って美味しそうな煮込みハンバーグの写真が載っていたらどうでしょうか。私ならそれを注文します。ですが、前日にお客様がハンバーグを食べていたら、多分注文しないでしょう。それでも、大きく目立つ写真が美味しそうに載っていれば記憶にしっかりと残り、「今日は無理だけど、美味しそうだから、また次に来て食べようかな」と思う可能性は高まるでしょう。こういった小さな積み重ねがリピートにつながるのです。もし数十品ものメニューが均等に書いてあったら、なかなかお客様の記憶に残らず、リピートにもつながらないでしょう。

答え

Bイチオシの煮込みハンバーグを目立たせる

マーケ的ポイント

重要なのは、やはりお客様の立場に立ち、一番喜んでもらえることを教えてあげること。単純にメニューの一品を大きく載せればいいわけではありません。お客様へ有益な情報提供を常に考えることが、このようなアイディアにつながります。

あなたは洋食店のオーナーです。メニューをリニューアルしたことを近隣のお客様に広めるため、チラシを配布しようと思います。

Q19

洋食店のチラシ広告、どっちを作るべき!?

A

とりあえず手書きでちょっとだけ

B

とにかく目立つチラシをたくさん作る

効果的なチラシを作るための四つのステップ

新商品を開発したり、新しく店舗をオープンしたりする際には、まず近隣の人に知らせることから始めます。こういう時は張り切って、「プロに写真を頼んでカッコよく作ろう」「綺麗で美味しく見えるチラシで高級感を出そう」などと思い大量にバラ撒きがちです。

しかし、今までに成果を出したことがあるならともかく、初めてのチラシ広告に反応があるかどうかは、やってみなければわかりません。こういう時は、まず〝テスト〟してみましょう。マーケティングは、最小のリスクで最大のリターンを求める考え方です。この洋食店のケースで言えば、コストを最小化して売上を最大化したいところです。そのためのステップが次の四つの段階です。

1 Plan……計画を立てる

2 Do……やってみる

3 Check……うまくいったかどうかを確かめる

4 Action……本格的にやる

まず「何を」「誰に」を、「煮込みハンバーグを」「流行に敏感で、美味しいものなら少しくらい高くてもお金を出す20代ＯＬに」とし、彼女たちに〝**響く表現**〟でチラシを作ります。そして、彼女たちが〝**どこにいそうか**〟を考えます。流行に敏感なデザインやＷｅｂ関係の会社に勤めている人たちは、おしゃれな雑貨店やアクセサリーショップに立ち寄る人が多そうです。それを踏まえて、まずはテスト的にチラシを作ります。ここまでが「Plan」のステップです。

次に、お客様がいそうなお店にチラシを置かせてもらったり、近隣のデザイン関係の会社のポストに投函したりします。これが「Do」のステップです。この時、チラシを持参するとドリンク一杯無料などのサービスを、〝チラシの反応がわかる仕掛け〟として仕込んでおくといいでしょう。

「Check」のステップでは、そのチラシの戻り具合を確かめます。数カ所に分けて、それぞれの反応を見てみるのがいいでしょう。チラシの戻りが多ければ内容や撒いた場所がよかったと考えられるので、次は似たような雰囲気の別の場所に撒くなどしてテストを繰り返します。戻りが少なければ何かが間違っていたことになります。

最初に決めた〝響く表現〟と〝ターゲットがいそうな場所〟は、Plan段階ではまだ仮説でしかありません。想定した結果が出ない場合は表現が響かなかったか、撒いた場所にターゲットがいなかったと考えられるので、修正してもう一度〝小さく〟やり直します。

このステップを繰り返して、より反応がよくなる内容（店への集客につながる）になった段階で、本格的にチラシを撒けば、成功する確率が上がります。これが「Action」のステップです。以上を、四つのステップの頭文字をとって「**PDCAサイクル**」と言います。

小さく生んで大きく育てるテストマーケティング

まずは試して、うまくいったら大きく展開することを「テストマーケティング」と言います。これは大企業でもやっている手法です。私が外国タバコの会社でブランドマネージャーをしていた時も、新商品を出す際にいきなり全国展開することはありませんでした。不確定要素が多すぎるからです。全国販売を想定した広告やキャンペーンも、最初は静岡市や広島市などで実験的に実施しました。これらの都市は、人口分布が全国平均とほぼ近いためテスト販売に向いています。若年層が多い大都市や、やや高めの年齢層が多い都市での結果と、全国展開した時に同じ結果が出るとは限らないのです。

今はインターネットのおかげで、簡単に効果測定ができるようになりました。お客様がサイトにいつ来たのか、何を買ったのか、どのリンクをクリックしたのか、というデータを知ることができます。私のアマゾン在籍時も、二つの異なる広告案を同じ時間帯に別のユーザーに出す「ＡＢテスト」をしていました。広告を出す時間帯やサイトをほぼ同じにして、A案とB案のどちらに対するクリック率や反応がよかったかを検証します。テスト段階で比較する際に前提条件が異なっていたら、その後大きく展開したとしても参考にならないので注意が必要です。

答え **A とりあえず手書きでちょっとだけ**

マーケ的ポイント **二宮尊徳の「積小為大《せきしょういだい》」という言葉があります。私は、何事にも順序があり、最初から大きく狙うよりも小さなことを積み重ねて大きなことをなす、と解釈しています。ビジネスにも王道はありません。小さく生んで大きく育てましょう。**

あなたはテレビショッピングの企画担当者です。今日は、水蒸気で温める電子レンジを初めて紹介する企画の会議です。最初に視聴者の注意を引くためのフレーズを検討します。

Q20

通販番組で電子レンジを売りたい。お客様を惹きつける最初のひと言はどっち!?

A

「なんと４万円台で最新の電子レンジが買えます！」

B

「水蒸気で料理を温めると美味しいのを知っていますか？」

視聴者の心の動きに連動している通販番組

20年くらい前まで買い物はリアル店舗を利用するのが一般的でしたが、インターネットの普及により、テレビや新聞の通販に加えて、パソコンやスマホなどで、どこでも何でも買えるようになりました。このように、生活シーンのすべてで物が買えるようになる戦略のことを「オムニチャネル」と言います。オムニとは、まさに「すべての」という意味です。

どこでも買えるようになった小売の、いわゆる通販の代表格がテレビショッピングです。今ではBS放送でも専門チャンネルがあるほど浸透しています。テレビショッピングの司会者は、番組の冒頭で「今から20万円のテレビを販売します！」などと、いきなり値段を言うことはありません。なぜなら、最初に「20万円のテレビ」と伝えてしまうと、「もっと安い物を探してるんだよな……」とか「もっと高くても、いいテレビが欲しいのに」と思っている人は「あ、これはいらないな」と判断してチャンネルを変えてしまうからです。錨《アンカー》を降ろした船がつながれた範囲内しか動けないように、20万円に心がとらわれてしまいます。ちなみに、これを行動経済学で「アンカリング効果」と言います。

Q13でも触れましたが、人が物を買おうとする時の〝心の中〟を見てみましょう。次の六つのプロセスになります。

1 「あ、何だろう?」と何かに注意を引かれる
2 「面白そうだな」と興味を持つ
3 「欲しいな」と思う
4 価格やスペックを調べて、他と比べてどうか検討する
5 買うと決める
6 使ってみて、SNSや電話でクチコミを共有する

通常、広告は自社製品やサービスを伝えることを目的とします。一方でテレビやインターネット、カタログ、新聞折り込みなどの物やサービスを販売する広告手法

は、直接販売を目的とするという意味で「**ダイレクト・レスポンス・マーケティング（DRM）**」と言います。テレビ通販の場合、前ページの❶〜❻の心の動きに対応して次の❶〜❻のような番組構成になっています。

❶ 注意を引くキャッチコピーを言う
❷ 興味を持った人のためにより注意深く説明する
❸ 欲しいと思わせるために違いを説明する
❹ 価格や機能を伝える
❺ なぜこの番組で買うといいのかを伝える
❻ 最後に一押しして買ってもらう

視聴者の心の動きと連動するという意味で、とても理にかなっています。

目を引くチラシ広告はどうやって作られているのか

テレビショッピングに限らず、新聞折り込み広告やチラシでも同じことが当ては

顧客目線の広告構成例

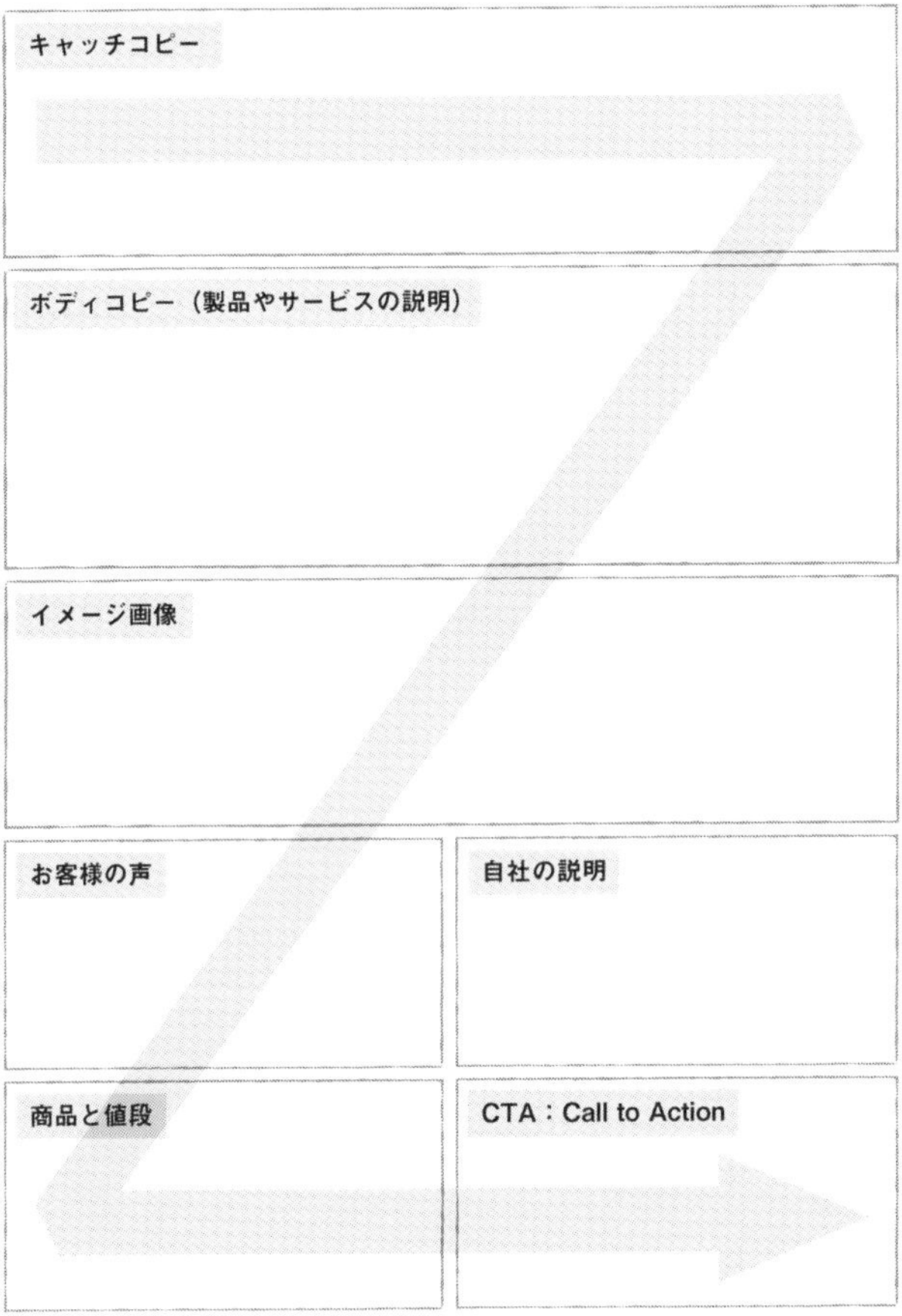
キャッチコピー
ボディコピー（製品やサービスの説明）
イメージ画像
お客様の声
自社の説明
商品と値段
CTA：Call to Action

まります。前ページの図をご参照ください。人は紙のような平面の媒体を見る時、左上から「Z」の文字を書くように目を動かします。横書きのチラシを右下から読む人はいません。ということは、一番上を読んでもらえなければ、そこから下は絶対に読んでもらえません。一番上に最大の力を注いでください。

左上には、キャッチコピーを書いて注意を引きます。ここに値段や店の屋号、「3周年記念大感謝祭」などと自社サイドの情報を書いても、お客様とは無関係のため注意を引くことができません。値段についても先に述べた通り、冒頭に書いてはいけません。屋号やキャンペーン名称は「私には関係ないな」と思われて、素通りされてしまいます。

お客様の目を引くには、当たり前ではないことを書かなければなりません。お客様が今は知らないけれど教えてあげたら喜ぶことを伝えると「おっ、そうなんだ！」と驚いてもらえます。次ページの「ジョハリの窓」の図をご覧ください。これはコミュニケーションを円滑にするための考え方で、自分と他人がそれぞれ知っている

ビジネス版ジョハリの窓

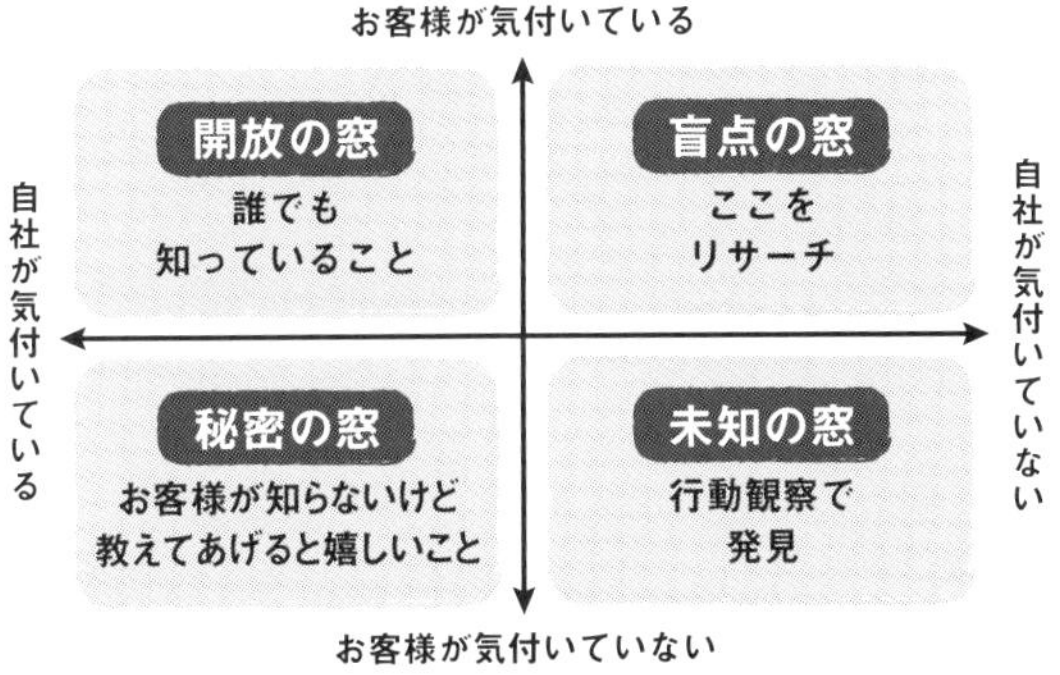

『ハーバードビジネスレビュー』2014年8月号を基に作成

か知らないかをマトリックスで表しています。左下の象限の「自社は気付いていないこと」をお客様は気付いているが、お客様とのコミュニケーションの第一歩です。

教えてあげるのが、お客様とのコミュニケーションの第一歩です。

商品写真は人が使っているものを使うべし

次にキャッチコピーを説明する「ボディコピー」を書きます。たくさん書きたくなるところですが、多すぎると言いたいことがぼやけてしまいます。ここでは三つに絞りましょう。禁欲的に不要な文字を減らすことが重要です。

そして、商品写真などの「イメージ画像」を必ず入れます。その際、必要なのが「人」を入れた写真にすることです。商品だけしか写っていないと、いつ、どうやって使えばいいのか想像できないため、お客様に買ってもらえません。かつて通販会社にいた時、新聞広告でサイクロン掃除機を販売したことがあります。商品の特徴である二つのサイクロン部分の写真を大きく載せたのですが、反応が全くなく売れませんでした。社長からは「もうお前には担当させない！」と叱られましたが、「次は商品だけじゃなくて人を入れてみろ」と言われてエプロン姿の主婦が掃除している写真に変えたところ、爆発的に売れました。広告を見た人が、自分が使っているシーンをイメージできたので買う気になったのでしょう。

忘れてはいけない！ 売れる広告に必要なお客様の声

もう一つ必須なのが、「お客様の声」を入れることです。人は売り込まれるのを嫌います。例えば、あなたが「うちのラーメンは美味しいですよ！」と強調しても、お客様の心は引いてしまいます。一方で、友達から「あそこのラーメン美味しかったよ」と言われたら行ってみたくなるものです。利害関係のない、中立な第三者の意見は尊重されるということです。アマゾンや食べログのレビューも同じ理屈です。その後に「自社の説明」を入れるといいでしょう。

そして、「商品と値段」は「買うための場所（CTA：Call to Action）」のすぐ近くに入れます。これは、チラシで言えば地図、テレビ通販で言えばフリーダイヤル、ネット通販で言えば買い物かご（ショッピングカート）、スーパーマーケットで言えばレジにあたるものです。もう一度、お客様の心の中の動きを、チラシの構造で振り返ってみましょう。

1 キャッチコピーで注意を引かれる
2 ボディコピーで説明される
3 写真で使っている姿をイメージする
4 お客様の声で安心する
5 商品と値段を見て納得する
6 地図を見て来店する

チラシに限らず広告宣伝物はカッコいいものを作ればいいわけではなく、見てもらいたいお客様の心に響く内容と構成にしなければ振り向いてもらえない、ということです。

答え

B「水蒸気で料理を温めると美味しいのを知っていますか？」

マーケ的ポイント

いきなり作ろうとしても売れる広告はできません。常にお客様のことを観察し、お客様が知らないことを見つけ出して広告に載せましょう。また、物を買うお客様の心の動きに沿って構成すると振り向いてもらえます。

あなたは、イタリアンレストランのオーナーシェフです。独立したばかりなので、インターネットでお店を宣伝しようと思います。

Q21

オープンしたてのレストラン、PRで力を入れるべき媒体はどっち⁉

フェイスブック

ブログ

性格の異なる媒体を組み合わせて相乗効果を狙おう

フェイスブック、ツイッター、インスタグラム、ブログにYouTube……SNSが普及して、数多くのサービスが出てきました。マーケティング専門の私に言わせると、これらはすべてお客様またはお客様候補にメッセージを運んでくれる「媒体＝メディア」です。もちろん、インターネット普及以前からあるテレビ、ラジオ、新聞、雑誌、チラシ、看板、ポスターなどもすべて媒体です。

さらに、テレビ・ラジオには放送局や番組、新聞には全国紙やスポーツ紙と、それぞれの媒体にも数多くの種類があります。この多くの媒体の中から、PRに一番適したものを選ばなければなりません。お客様やターゲット層が見ていない媒体に貴重な時間やお金をかけたら、すべて無駄になってしまいます。

効率的に媒体を選ぶには、何から手をつければいいのでしょうか。まずは、各媒体にどのような特徴があるかを把握しましょう。それぞれに長所と短所があります。

メディア別の特性一覧

	種類	特性	主に見ている人	媒体費	広告の中身	接する時間
インターネット以外	テレビ	映像も音もあるのでインパクト大。広くカバーできる	不特定多数	高	音・映像	短
	ラジオ	ナビゲーターのファンに深く聴いてもらえる	リスナー	中	音声のみ	短
	新聞	信頼度が高い。文字中心で詳細を伝えられる	購読者	中	文字・画像	長
	雑誌	特定のファン層にアピールできる	購読者	中	文字・画像	長
	チラシ	制作や配布がシンプル	受け取った人	少	文字・画像	長
インターネット	メルマガ	自社のタイミングで発信可能	購読者	少	文字中心	長
	ホームページ	信頼されるメディア。成長させるのに時間が必要	検索者	不要	文字・画像・動画	中
	ブログ	画像、文章、動画を使える。成長させるのに時間が必要	検索者	不要	文字・画像・動画	長
	SNS	友達どうしで利用するので信頼度が高い。宣伝には不向き	友人	不要	限られた内容	短

例えば、テレビCMは映像も音もあってインパクト十分。しかも、広範囲に一度に電波で届けられ、広く覚えてもらうのに最適です。反面、15秒程度しかないため細かい情報を伝えるには向いていませんし、何よりコストがかかります。

わざわざお金を払っている読者がターゲットの場合、雑誌はとても効率的に情報を届けることができます。しかも、ある程度じっくり読む媒体なので、細かい内容まで伝えることが可能です。しかし、テレビCMほどではないにせよコストがかかり、その読者層にしか

複数の媒体を組み合わせよう

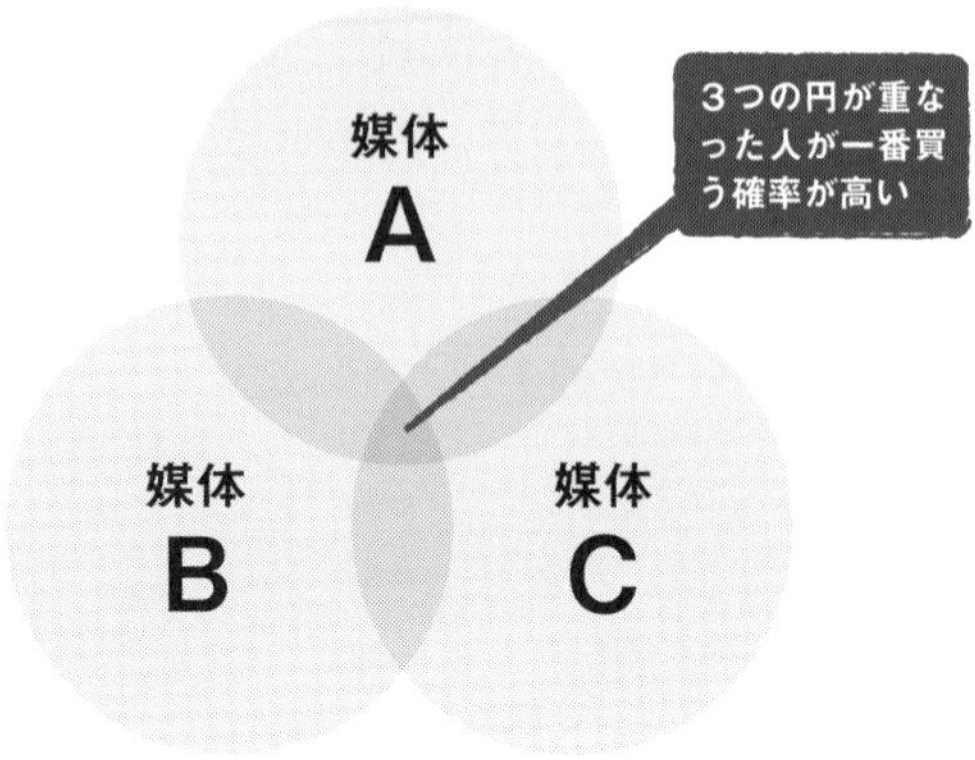

媒体
A
媒体
B
媒体
C
3つの円が重なった人が一番買う確率が高い

届けられません。

ターゲットに自社のことを伝える際に重要なのは、一つではなく複数の媒体を組み合わせることです。そうすることで、あまねくターゲットに届けられる可能性が出てきます。上図は、A、B、Cの三つの異なる媒体に広告を出した時に各媒体を見ている可能性がある人をそれぞれの円で表しています。内容が最も伝わるのが三つの円が重なった部分にいる人、次が二つの円が重なった部分にいる人です。媒体を組み合わせることで、テレビCMを見逃した人がいてもラジオCMや新聞広告でカバーでき、機会損失を減らすことができます。

お客様が商品のことを知ってから実際に買うまでに何を考えるのか、心がどう動くのかを、コカ・コーラの新商品事例で考えてみましょう。

1 テレビCMで見て美味しそうだと「注意」を引かれる（Attention）
2 もう一度テレビCMや雑誌広告で見たりして「興味」がわく（Interest）
3 ラジオCMやポスターで見て「飲みたい」と思う（Demand）
4 ネットなどで「探す」（Search）
5 コンビニで見て「買う」（Action）
6 美味しかったらツイッターなどで「シェア」する（Share）

お客様はこのようなステップで心が動きます。注意を引かれ、興味を持ち、欲しいと思い、探し、買い、シェアするのです。ということは、コカ・コーラはそれぞれの段階に適した媒体に広告を出せばよいのです。興味を持ってもらうためにテレビCMを打ったり、雑誌広告で少し細かく説明する、といった具合です。コカ・コーラが新商品を出す時に「今回はテレビCMだけのキャンペーンです」ということがないのは、このように媒体を組み合わせて相乗効果を狙っているためです。

お金のかからない媒体組み合わせ術

大企業はテレビや新聞広告などのマス媒体を活用する資金力がありますが、中小企業やベンチャーではなかなかそうはいきません。同じような特徴を持った別の媒体を組み合わせてみましょう。このケースのイタリアンレストランの場合は、次のような具合です。

1. YouTubeやツイッターで「注意」を引く（Attention）
2. ブログでしっかり説明して「興味」を持ってもらう（Interest）
3. インスタグラムに美味しそうな写真を載せて「食べたい」と思ってもらう（Demand）
4. ホームページに「たどりついて」もらえるようにグーグルに広告を出す（Search）

5 お店の前に看板を出して「来てもらう」（Action）

6 美味しかったらツイッターなどでの「シェア」をお客様にお願いする（Share）

インターネットは基本的に媒体費がそれほどかからないので、中小企業や個人事業主には強い味方です。ユーザーが各媒体にどんな状況で接しているかというと、ツイッターは気が向いた時に見て、ブログはしっかりと中身を読み、フェイスブックは友達が何をしているのかをチェックしています。

ネット媒体の組み合わせを音楽好きな人の行動に例えてみましょう。ふらっと立ち寄った百貨店の前にいたストリートミュージシャンを気に入り、ライブハウスに行ってみた。とてもよかったのでＣＤを購入し、ファンクラブに入って会報誌をもらい、仲良くなったファンどうしでカラオケボックスに行く。

これをネットに置き換えると、美味しそうな料理画像のツイートを見て、もっと知りたくなってブログを読んでみると、シェフのこだわりやお客様の声が載っている。実際にお店に行ってメンバーズカードを作り、メルマガで新作情報がもらえる。

ネット媒体の上手な組み合わせの例

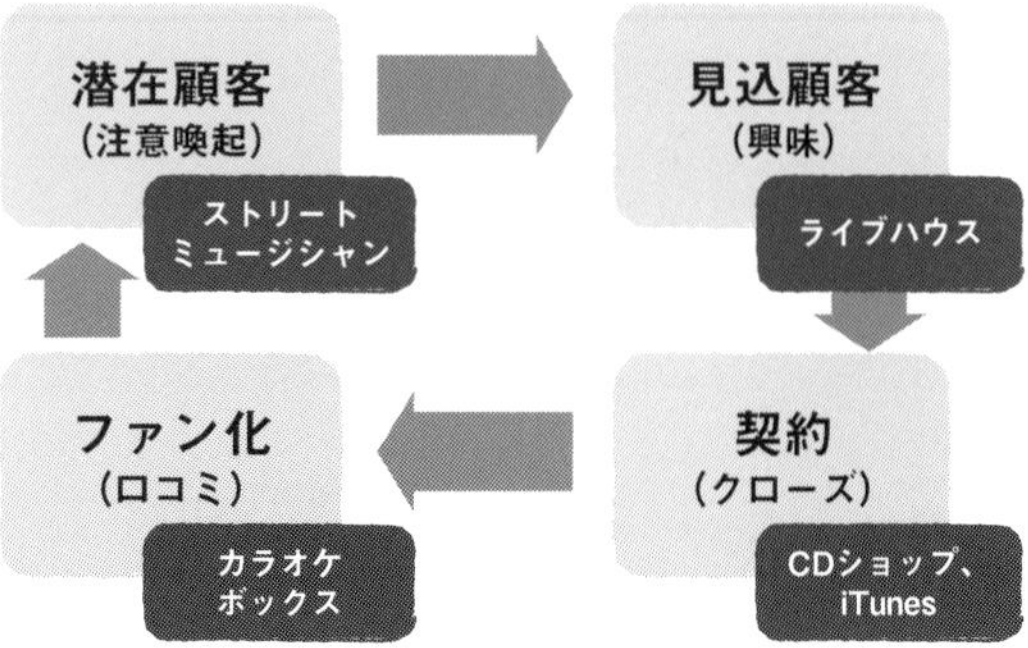

『仕事で使える！Twitter超入門』（小川浩／青春出版社）を基に作成

常連さんどうしで仲良くなり、フェイスブックで情報を交換する。あくまで一例ですが、このように組み合わせればいいのです。

これらの媒体の中で、自社の特徴を最も強く、しっかりとした内容で伝えることができるのがブログです。リンクを張ることもできるし、画像や動画もアップできるので、ライブハウスで思う存分主張できるのと同じです。というのも、ブログは読み手に能動的な態度で見てもらえる媒体だからです。対して、ツイッターはどうしても一瞬で伝えるインパクトが勝負になります。また、フェイスブックは基本的に友達どうしなので、自己主張をしすぎたり、売り込みをすると、カラオケボックスでマイクを離さない人と同じように引かれてしまうでしょう。

答え B ブログ

マーケ的ポイント

マーケティング活動はお客様に価値を提供することです。コミュニケーションも、売り込むことより自社の良さと他との違いを伝えることが最優先になります。お客様の立場に立って、自社の目的や課題に近い媒体をうまく選ぶことが大切です。

イタリアンレストランをオープンしてひと月が経ち、何度か足を運んでくださるお客様も増えてきました。そこで、もっとたくさんのお客様にリピートしてもらうために、販売促進のアイディアを考えています。

Q22

イタリアンレストラン、リピーターを増やすアイディアはどっち!?

ポイントカード

お友達紹介キャンペーン

やってはいけないリピーターの作り方

これまで何度も述べてきたように、お馴染みさんになってもらう、すなわちリピートしてもらうことが非常に重要です。1回でも買ってくれたことのあるお客様なら、お店や商品のことをもう一度ゼロから教える必要がありません。その分、知ってもらうための広告に投資するお金が少なくて済みます。

リピーターが大事だと言うと、「じゃあ、ポイントが10個たまったらコーヒー一杯サービスします」というように考える方が多くいます。しかし、お客様の立場に立ってみてください。お客様が本当に欲しいものは、10回通った時のサービスコーヒーや割引でしょうか？　レストランで言えば、美味しいものを食べながら過ごす恋人との素敵な時間や、友達との楽しい会話が欲しいのです。

安易な割引や無料のコーヒーは大企業が運営するファミリーレストランの販売促進方法と変わらず、どうしても値段で比較されてしまいます。値引き合戦になると、資金的に体力がある大企業に勝てるわけもありません。それに、お客様のお財布はクレジットカードに免許証、交通系のカード、メンバーズカードなどでいっぱいでしょうから、ポイントカードを配っても結局は埋もれてしまうだけです。

一方で、お店のファンになってくれたお客様は、友達に自分の好きなものをお勧めしてくれます。いわゆる〝クチコミ〟です。クチコミが広まって、お客様がどんどん新しいお客様を連れて来てくれることこそが、最高の「自然に売れる仕組み」なのです。

この話をすると、やはり多くの人が「わかりました！　では、友達紹介キャンペーンをやります」とおっしゃいます。もちろん悪いことではありませんが、やはり割引価格で勝負することになり、値段の安さに価値を感じる層の人たちが集まってきます。

もう一度、お客様が欲しいものを考えてみてください。このケースで言えば、仲間とともに美味しい料理を素敵な空間で食べることです。お勧めメニューを一品差し上げる企画にするなど単なる値引きとは違う工夫をすれば、「見た目の価値」を下げることもありません。

高級ペットショップからの粋なバースデーカード

私の家の近所に、ちょっと高級なペット用品を扱うお店があります。ペットフードはもちろん、首輪、洋服、おもちゃ、ケージまで、とても多くのペットグッズを販売しています。私も愛犬パテくんのために、たまにオヤツを買ったりします。ただし、いいものを扱っている分、スーパーやチェーン店に比べると割高です。

6月のある日、そのペットショップから「パテくんのお誕生日おめでとうございます」と書かれた可愛らしいイラスト入り誕生日カードが届きました。そこには、「6月中はすべての商品を10%オフにさせていただきます」とありました。普段は高いこともあって、なかなか買えなかったのですが、1年に一度の誕生日くらいちょっといい首輪に変えようか、と妻と2人で買いに行きました。

このペットショップのケースも、飼い主が本当に望んでいるのは愛犬の幸せで、10回買ったら1割引きというようなディスカウントではありません。安いものが欲しければ、近くのスーパーで間に合います。

この事例をレストランに当てはめてみましょう。お客様にアンケートで誕生月とメールアドレスをうかがい、「誕生月にご来店くだされればシェフ自慢の一品をプレゼントします」といったサービスを伝えます。なお、その際「お店からの情報をお送りしてもよろしいでしょうか？」という許可は必ずとりましょう。

ポイントカードや友達紹介キャンペーンではお客様の顔が見えませんし、お客様にもあなたの顔が見えません。やはりお客様が本当に欲しいと思っているものを、できる限りカスタムメイドで伝えることがリピートにつながるのです。

アマゾンはなぜ、欲しいものがわかるのか

私は漫画が好きで、毎日寝る前に単行本1冊を読んでから寝ます。特に『進撃の巨人』が大好きで、4カ月に一度出る新刊が楽しみです。最初の数冊はアマゾンで買っていましたが、届くのが待ちきれず、最近は発売日に近くのコンビニに買いに行きます。しかし、今でもアマゾンからは「『進撃の巨人』の新刊が来月出ますよ」というお知らせメールが届きます。なぜだか、おわかりになるでしょうか？

アマゾンは以前の購入履歴や、また他に似たような漫画をたくさん買っていることを覚えています。そこから、「この人は『進撃の巨人』の新刊を買いそうだな」と類推してお勧めしてくるのです。なぜなら、アマゾンにとっては楽天ブックスやリアル書店で買われると困ってしまうからです。

また、お客様の立場に立ってみても、このお知らせメールは「あ、新刊が出るんだ！」と思い出させてくれるので便利です。アマゾンの商品ページに行くと、お勧

4種類の顧客：時系列と回数の分析

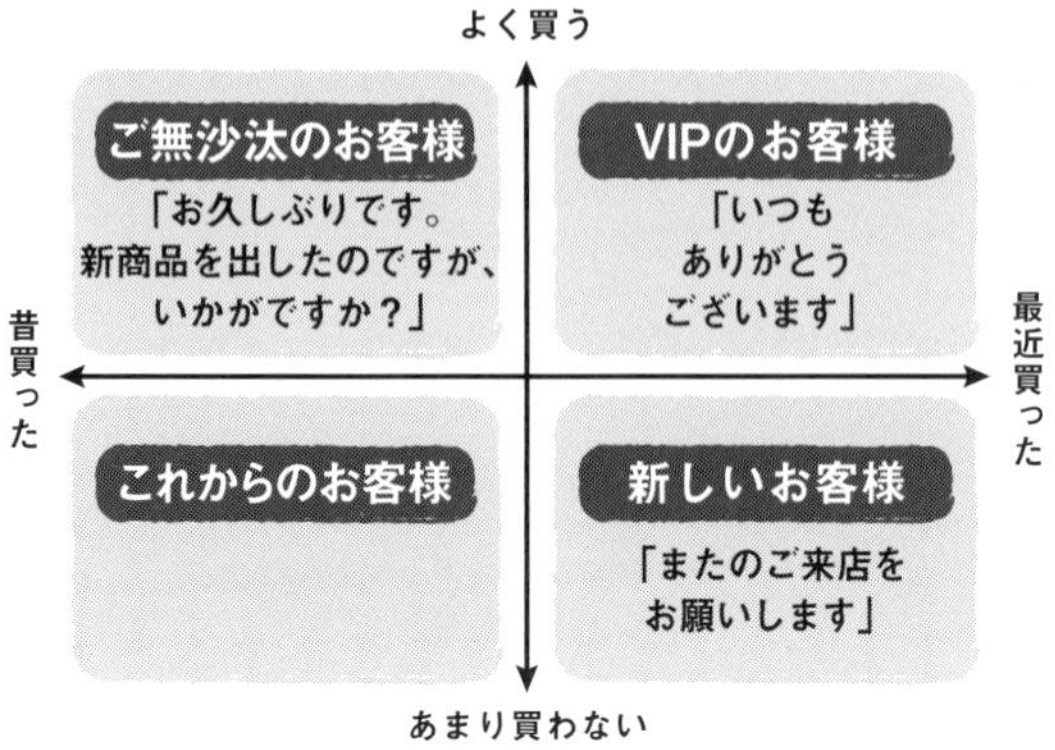

め商品が画面の上のほうに出ているのも同じ原理です。

すべてのお客様に同じ対応をしてはいけない

では、どうやって類推しているのでしょうか？　ネット通販では、お客様がいつ、何を、いくつ、いくらで買ったのか、という購買履歴を把握することができます。すべてのお客様のデータを集めると膨大な数になります。これを分析するのが「ビッグデータ分析」です。

上図の縦軸はお客様の購入回数を表しており、上にいくほど何回も買っていることになります。横軸はお客様の購入時期を示しており、右にいくほど最近買ったことになります。右上の象限の人は「最近何回も買ってくれる人」で、あなたにとってのＶＩＰです。「いつもありがとうございます」と言いたくなる方々です。右下の象限の人は「回数は少ないが最近買ってくれた人」なので、新しいお客様と思われます。「今回はありがとうございました。またのご来店をお願いします」と言うことになります。左上の象限の人は「昔、何回も買ってくれた人」です。ご無沙汰している人ですから、「お久しぶりです。新商品を出したのですが、いかがですか？」という対応になります。左下の象限の人は、まだ見ぬこれからのお客様です。

このように、お客様によってかける言葉は異なります。逆に言うと、お客様の状況に応じてかける言葉を変えたほうが、振り向いてもらえる確率は上がるのです。お客様がいつ（Recency）、何回（Frequency）、いくら（Monetary）買ってくれたのかを分析し、状況にマッチしたカスタムメイドなサービスの提供が「**ＲＦＭ分析**」です。先ほどのアマゾンのお勧めメールも、原則はこの考え方を基にしています。

中小企業や自営業の場合は、何百万ものデータもないでしょうし、統計学的なやり方で時間とお金をかけて分析する必要もありません。この考え方の枠組みだけを真似て、少ないデータからお客様に合わせたきめ細かい対応をすればいいのです。

答え

どちらも不正解（それよりも、お客様がほしいものをカスタムメイドで提供しよう）。

マーケ的ポイント

売りたい商品ではなく、その先にあるものをお客様の立場に立って考えましょう。そして、お客様データを活用し、あなたの会社の良さを知ってもらえるようにコミュニケーションしましょう。

イタリアンレストランをオープンして順調に半年が経ち、ご贔屓《ひいき》にしてくれるお客様のための特別メニューを用意しようと思い立ちました。どんな手段で知らせましょうか。

Q23

イタリアンレストラン、VIPへのお知らせ方法はどっち!?

A

気軽にLINE

B

手書きのお手紙

知っておくべきトリプルメディアの特徴

Q21では、メディアを組み合わせて相乗効果を出すことができると述べました。次のステップは、一回でも買ってもらったことのあるお客様に次にまた買ってもらうには、どんなメディアを、どう組み合わせるべきかをお話しします。フェイスブックなどのSNSが普及して出てきた考え方に、「3種類の媒体＝トリプルメディア」があります。

- お金を出して広告スペースを買う媒体
- 自社が持っている媒体
- 信頼され共感を得られる媒体

それぞれの媒体に長所と短所があります。まず「お金を出して広告スペースを買う媒体」は、お金を払えば自社の希望通りの言葉で、狙い通りのタイミングで告知することができます。ただ、世の中は広告であふれているため、せっかく出しても見てもらえる機会が減ってています。したがって、広告への反応も悪くなってきています。ツイッターやＬＩＮＥなど新しいメディアが増えた分、広告を出しているテレビや雑誌に接する時間が減ってきた、というわけです。

二つ目の「自社が持っている媒体」とは、ホームページや店舗、ＤＭを出す時の顧客名簿や営業担当者になります。長所としては、告知媒体を持っているのが自社ですから、媒体費がかかりません。しかし、多くの人に届くまで育てるのに時間がかかってしまいます。ネット上には数え切れないくらいのホームページがあるので、作っただけでは誰も見てくれません。地上１００階、地下30階建てのデパートの最下層に出店したようなものです。例えば商品が食品であれば、せめて食品売り場のあるフロアに持ってくるための努力が必要になります。

三つ目の「信頼され共感を得られる媒体」とは、さまざまな人がいろいろなことを発信する媒体です。フェイスブックやツイッターなどのソーシャルメディアや、価格ドットコム、アットコスメ、食べログなどのクチコミサイトがこれにあたります。長所は、第三者が客観的に自分の意向で情報を発信するので、ある程度信頼されて共感を呼びます。飲食店を選ぶ時にお店の人から「うちの店、美味しいから来てよ」と言われるよりも、友人に「あそこの蕎麦屋さん、美味しかったよ」と言われるほうが行ってみたくなるもの。アマゾンで本を買う時に、カスタマーレビューを参考にするのも同じです。短所としては、広告のように自社でコントロールできない点です。「いいレビューを書いてくれたら1件あたり3000円出すよ」と依頼するのは、もってのほかです。

初めてのお客様に売り込みすぎると、相手の心は引いてしまいます。まずは知ってもらうことから始めましょう。知る→買う→また買う、というループを作るのです。間違っても、売る→売る→また売る、になってはいけません。

リピーターが多いペットショップがしていること

集客した一見さんに、再来店してもらうために各媒体の特徴を把握し、トリプルメディアを組み合わせましょう。何も知らないお客様に広告で自社のいいところを伝えて〝知って〟もらいます。気になったお客様はホームページなどで調べて、お店に来てくれます。そこで、アンケートに答えてもらったり、メルマガに登録してもらったりすれば、月に一度くらいの頻度でお客様に自社情報を伝えることができます。さらに、お店で食べたものが美味しければ、フェイスブックやツイッターでシェアしてくれたり、食べログなどに満足したコメントを載せてくれるでしょう。

愛知県常滑《とこなめ》市に、ポッケというペットショップがあります。こちらでは仔犬を買った飼い主のために、赤ちゃんの時のごはんのあげ方や、歯の磨き方などのセミナーを開催しています。売るだけでなく、育てるところまで面倒をみてくれるのです。

また、LINEを使って、登録顧客に有益な情報を配信しています。「わんちゃんの健康維持には納豆菌がお勧めです！」「ポッケでは出産ラッシュ、可愛いワンコを見に来ませんか？」などの情報を送られると、犬好きの人は「また行ってみよう」と思います。そのついでにペットグッズを買ったり、もう一匹犬を買ったりするわけです。

ここで重要なのは、それぞれの媒体の特徴や、情報の受け手やお客様候補がどのような気持ちで見ているかを知ることです。フェイスブックは友達との交流のために見ているので、告知ばかりされると見る気が失せてしまいます。信頼され、共感を呼ぶメディアでお客様をコントロールしようとしてもできないのです。

では、どう活用すればいいかというと、「発言してもらう場所」を提供することです。店のフェイスブックページを作成して感想を書いてもらうといった具合です。

答え
どちらも正解（でも手書きのほうが気持ちが伝わりそうですね）。

マーケ的ポイント

他もやっているからといって、すべての媒体で告知をしようとするとお客様は嫌気がさしてしまいます。まずは媒体の特徴を把握して、お客様が知る→買う→また買うサイクルができるように組み合わせましょう。

あなたは奥様と２人でカフェを経営しています。このたび、隣町に新店舗を展開することになりました。それに伴って、新店舗のホームページを作って告知しようと思います。

Q24

カフェの新店舗のホームページ、公開のタイミングはどっち⁉

A

半分完成でとりあえずアップ

B

完璧にできてからアップ

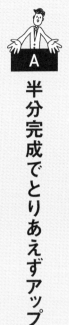

追加の修正が利く特異メディア

新店舗や新商品を世に出す時には、まずはホームページを作って告知するのがいいでしょう。自社のホームページであれば、媒体費もかかりません。何より他の媒体と比べて優れているところは、〝修正が利く〟という点です。チラシなどの紙媒体は一度刷ってしまったら、修正が利きません。新聞や雑誌などはもちろん、テレビやラジオも広告が出るかなり前に完成させて納品しなければならないのです。その点、ホームページは完成後も追加や修正をすることが可能です。

世の中は想像以上に早く動いています。例えば、ほんの10年前には誰もツイッターやフェイスブックなんて利用していませんでしたが、今では多くの人が使っています。あらゆるものにインターネットが入り込み、冷蔵庫が「もうすぐ牛乳が切れますよ」と教えてくれるような時代になりつつあります。

ビジネスの世界も同じことで、市場は私たちが想像もできないくらいのスピードで移り変わっています。したがって、スピードを持って世の中に商品を出したり、自分の会社の良さを伝えていくことが重要です。

私がアマゾンにいた頃、こんなエピソードがありました。古い話で恐縮ですが、その年はサッカーの日韓ワールドカップが開催され、日本は予選を勝ち進み、決勝トーナメントでベスト8をかけてトルコと戦うことになりました。その前日、みんなで集まって、

「明日もし日本代表が勝ったら祝勝セールをやろうか」

「負けたらどうする？」

「その時は、ありがとう日本代表セールにしようよ」

と決め、各マネージャーがそれぞれのチームに指示を出して、翌日の朝から準備を実施しました。このスピード感とチームワークがアマゾン隆盛の要因の一つになっていることは間違いありません。

永遠のベータ版を求めて

インターネットの世界では、最初の試作ページなどをアルファ版、それを改良したものをベータ版と呼びます。通常はベータ版を改良して完成版ができるのですが、先ほど述べたように、ネット上ではいつでも改良したり追加したりできるので、「私たちに完成版はない。永遠に改良し続けるのだ」という意味を込めて、「永遠のベータ版」と呼びます。

100点を取れるまで待ち続け、満を持して世に出すことは重要なことです。しかし、それでは世の中の流れに追い越されてしまうこともあります。満点の3分の2の67点でもいいから、まずは世に出すことと、同様に反応を見て改良し続けていくことが重要です。

ちなみに、意図的に徐々に世の中に情報を出して、オープン時に一気にお知らせするプロモーション法もあります。「焦らす」を意味する「ティーザー・プロモーション」です。この場合も同様で、できた順に徐々に開示して最後に「お待たせしました！」と全体を披露するのです。

答え

A 半分完成でとりあえずアップ

マーケ的ポイント

世の中はすごいスピードで動いています。情報をできるだけ早く世に出すことも時には重要です。中途半端でもいいという意味ではなく、素早く対応して徐々に改良していくと考えましょう。

第4章

人気のブランドの作り方は「どっち」⁉

あなたはＱ24のカフェのオーナーです。２店舗目の準備もだいぶ進んできました。
これから新しくお客様に来てもらうための企画を考えています。

Q25

新規オープンのカフェ、ブランディングの第一歩はどっち!?

A　覚えてもらう

B　思い出してもらう

「ブランド」とは何だろう？

人気のカフェでは、いつ行ってもお客様が嬉しそうな顔で美味しそうなスイーツを食べ、楽しそうに会話をしています。予約の取れないヘアサロンのインスタグラムは、可愛らしい髪型の素敵な女性の笑顔でいっぱいです。

モノや情報があふれている世の中で、流行っているお店には何があるのでしょうか？　常連のお客様は喜んで来店するものです。では、何に惹かれていつものお店に通い、自分の好きな商品を買い続けるのでしょうか？　それは、ずばり「ブランド」です。

ブランドとは何でしょうか？　きれいなロゴがある商品でしょうか？　高級な品物でしょうか？　それだけではありません。ブランドがあるからこそ、商品やサービスがずっと買い続けられるのです。なぜブランドを確立させるのがいいかを、少し整理していきましょう。

マーケティングの大家であるフィリップ・コトラー教授はアメリカのマーケティング協会の定義をもとに、ブランドを次のように定義しています。

「ブランドとは、販売者又は販売者グループの商品又はサービスを特定させ、競争者のそれらと識別することを意図した名前、用語、符号、シンボル、若しくはデザイン、又はそれらの組み合わせである」

ちょっと抽象的で複雑なので、中身を少し分解していきましょう。

1 ブランドを作るのは「企業側」、すなわち「あなた」です。
2 受け取るのは「消費者」であり、「お客様またはその候補」です。
3 特定されるのは「製品またはサービス」、すなわち「あなたが売るもの」です。
4 「名前、ロゴ、デザイン」を組み合わせます。
5 「あなたのライバルと違うものですよ」と主張します。

このケースで言えば、「消費者から見て、あなたのカフェがライバルよりもいいカフェだ、とわかってもらえるようなネーミングやロゴの組み合わせ」となります。名前を聞いただけで、「他の店よりも美味しいコーヒーを落ち着いて飲めるカフェだな」とすぐに思い出してもらえれば、広告などで集客する必要もなくなります。

ブランドでお客様との良好な関係を作ろう

では、どうやったらブランドを際立たせることができるのでしょうか。ただ単にカッコいいネーミングや、おしゃれなロゴを作るだけでは、まだまだ十分ではありません。常連さんに浮気されず、いつも来てもらうようになること、すなわち目指すところは〝顧客にリピートされる、良好な関係を作り出すこと〟です。この一連の流れと仕組みを、「**ブランド・マネジメント**」と言います。

お客様との良好な関係とは、お店からのメッセージに共感してもらい、自然に買ってもらうことです。その関係を目指すために、お客様に次の４段階のステップでわかってもらいます。

1※あなたが「誰」なのかを知ってもらう
2あなたが「何」をしてくれる人なのかを理解してもらう
3あなたの「いいところ」をよく思ってもらう
4あなたが「ベスト」だと思ってもらう

このステップでわかってもらうために、私たちがすべきことは、

1ブランドの「個性」を「広く深く」知ってもらう（自我を確立）
2ライバルと違う点・同じ点を知ってもらう（明確な買う意味）
3ブランドへの前向きなリアクションをもらえるようにする（自我と意味への正しい反応）
4ブランドに何度も深く関わってもらえるようにする（強い関係性）

四つのステップの最初に必要なのは、「個性」をしっかりとわかってもらうことです。何度も言うように、消費者は自分の知らないものを買うことはありません。

だからこそ、まずは知ってもらうことが出発点になるのです。広く名前を覚えてもらうことから始めましょう。

答え　A 覚えてもらう

マーケ的ポイント　ブランドをマネジメントすることで、お客様と良好な関係を作ることを目標にしましょう。その第一歩は、広く深く知ってもらうことです。

※Kevin Lane Keller, Strategic Brand Management

あなたは、都心の一等地で人気のフレンチレストランを経営しているオーナーシェフです。今度、郊外に本店よりはちょっとカジュアルな店を出そうと計画しています。

Q26

カジュアルなフレンチのネーミング、つけるならどっち!?

おしゃれにフランス語で

自分の名前でシンプルに

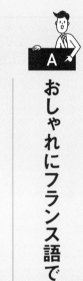

ライバルから抜きん出るための第一歩

私は新しくお店を開拓する時、食通の友人に聞いてみたり、ガイドブックを参考にしたりしています。つまり、お店の存在を知って納得してから、初めて行きます。ですから、オーナーシェフとしては、まずはお店を広く知ってもらい、覚えてもらう努力をすることから始めるべきです。しかし、それだけではまだ足りません。世の中には、同じことをしている数多くのライバルがいるからです。お客様から見たら、あなたもライバルも「すべて同じ」なのです。

すでに何度か述べましたが、知ってもらえているかどうかをはかる尺度の一つに「認知度」があります。「認知（Recognition）」は、「カフェ・ド・リオウを知っていますか？」という問いに対して、「はい／いいえ」で答えられるかどうかということです。

もう一つの「想起（Recall）」は、「この近所で一番美味しくて落ち着けるフレンチレストランはどこですか？」との問いに、「理央亭ですね」と最初に思い出してもらえるかどうかということです。

どんなビジネスでも、真っ先に思い出してもらうことが重要です。グーグルで検索された時に、最初にヒットすることと同じです。あなたのお店にとって、認知と想起のどちらが大事かを考えてみてください。数多くのライバルの中から一番に思い出してもらえることが口コミとなり、「行ってみたい」と感じられ、来店につながります。

思い出してもらうために、まずは認知から

ただ、重要なのは認知してもらわないと想起されないということ。当たり前ですが、知らないものを思い出すことはできません。したがって、ネーミングは〝覚えやすい〟ことが大切です。フレンチレストランで言えば、「ビストロ・ド・カンパーニュ・ラ・レネミリア」などと長い名前にしてしまうと、「美味しいと噂のあのお店、なんて名前だっけ？」となかなか思い出してもらえません。せっかくの評判

が台無しです。

もし、食通の人が行くような高級店なら、幅広い層の人たちに覚えてもらう必要はなく、シェフの腕や素材の良さ、逆に隠れ家的なおしゃれさがポイントになるでしょう。しかし、このケースは高級店ではなくカジュアルな店ですし、人気店としての知名度も考えると、有名なシェフの名前を使わない手はありません。

例えば、気軽に入れる一流シェフのお店という立ち位置で「ビストロ・リオウ」などとシンプルにするとよいでしょう。シェフのこだわりや特別なサービスなどは、来店後にわかってもらえばよいのです。まずは覚えてもらい、次に良さを深く知ってもらうことが重要です。

答え

B 自分の名前でシンプルに

マーケ的ポイント

まずはターゲット層に、「広く」認知してもらうことから始めましょう。お店の認知度が行き渡ったら、最初に想起してもらうために「深く」中身を知ってもらう努力をしましょう。

あなたは都心にあるケーキショップのオーナーパティシエです。目玉商品としてフルーツロールケーキを開発しました。周りの店の相場と同じく、1本1500円で売り出しましたが、残念ながら売れず、価格変更を検討しています。

Q27

ちっとも売れなかった1500円のロールケーキ、価格を変えるならどっち!?

お求めやすく1000円に値下げする

いっそのこと値上げする

ブランドを作るための五つの資産

美味しいものを食べると、幸せな気分になるのは私だけではありません。美味しいものは自分で買って食べても、友達からもらって食べても嬉しいものです。特にケーキなどのスイーツは見た目もきれいなので、プレゼントするととても喜ばれます。この時、大事なのが「見た目の価値」です。

ファンに愛されるブランドは、次の五つの資産からできています。

※
- ブランドへの「忠誠心」があること
- ブランドが「認知」されていること
- ブランドが消費者に「価値があると見られている」こと
- ブランドのイメージが「連想」できること
- その他の知的所有権のある無形資産（特許、商標、取引関係など）

この五つの資産があればあるほど、強いブランドになります。「認知」されていることは必須の条件ですし、「見た目の価値」が高ければ買ってもらう理由に直結します。ブランドが「連想」されればポジティブなイメージを持ってもらえ、「忠誠心」が強ければ浮気されることなく長く買ってもらえる、というわけです。

顧客はブランドの資産価値が高まれば自信を持って買うことができ、満足度もアップします。企業は高いブランド価値を作り出すことができれば、徐々に告知のための広告を出さなくてもよくなり、効率よくマーケティング活動をすることができるのです。

※David A. Aaker, Managing Brand Equity

4倍値上げでバカ売れのガトーショコラ

東京都新宿区に、ケンズカフェ東京というガトーショコラの専門店があります。私も食べたことがありますが、とにかく濃厚で一度食べたらその美味しさが忘れられず何度も食べたくなる味です。

オーナーシェフの氏家健治氏の著書『1つ3000円のガトーショコラが飛ぶように売れるワケ』によると、このガトーショコラの価格は次のように変遷しています。

500グラム1300円で販売
←半分の250グラムにして1500円に値上げ
←250グラムで2000円に値上げ
←250グラムで3000円に値上げ

最初と比べると半分のサイズになっているので、実質約4倍の値上げです。それでも、3000円に値上げして以降は飛ぶように売れているそうです。しかし、著書にもあるように、ただ価格を上げるだけで飛ぶように売れるわけではありません。素材やレシピを含め味を最高級のものにするための努力をしていることが大前提です。さらに、パッケージやネーミングにも多大な工夫がされています。

普通は「４倍にして本当に売れるの？」と疑問に思うことでしょう。実際にコンサルタントの私のところに相談に来る方の多くは、ビジネスの調子が落ちるとすぐに値下げして、買いやすさをアピールします。

ただ、戦略なき値下げをすると、営業利益と「見た目の価値」が同時に落ちてしまいます。ケンズカフェ東京の例で言えば、お客様にとっては１５００円のガトーショコラよりも３０００円のガトーショコラのほうが「ありがたみ」があり、よりおいしく感じられるのです。自分が大事な人からプレゼントされるなら、どちらが嬉しいかを想像してみてください。多くの人は３０００円のほうを喜ぶことでしょう。

もちろん、必ずしも高価格に設定することが正しいとは限りません。ただ、ライバルよりも安ければより多く売れる商品とは、どこでも買うことができる独自化されていない製品やサービス（コモディティ）だけです。中小企業や個人事業主がすべきことは、自分だけにしかできない質の高い製品をブランド化することで価格を設定し、十分な利益を確保することなのです。

答え **B いっそのこと値上げする**

マーケ的ポイント **値段は「見た目の価値」に大きく関係します。価格設定をする時は安易に安くせずに、ライバルの価格やお客様の心理状態を考慮して慎重に決めましょう。**

あなたは、郊外の住宅地で開業しているヘアサロンのオーナーです。売上を増やすため、フリーペーパーへ広告を出そうと考えています。さて、どんなビジュアルを入れたらいいでしょう。

Q28

ヘアサロンの広告に使う写真、売上が増えるのはどっち!?

ヨーロッパ系のモデル

自社のヘアスタイリスト

選ばれる店は距離感が近い

ショッピングモールや飲食店によく置いてあるフリーペーパーには、美容系（特にヘアサロン、エステサロン、ネイルサロン）の広告が多く載っています。まさに百花繚乱、どこが一番いいのか迷ってしまいます。そういった広告によく使われている写真は、大きく分けて2種類あります。金髪の美しい欧米系モデルの写真か、オーナーや施術者の写真です。

前章でも触れましたが、どんな広告表現をするかについては、たくさんの手法があるので、ターゲット層に響く内容をしっかりと考えたいところです。まず、広告のクリエイティブは「戦略による」ということを思い出してください。もし、お店が高級なヨーロッパのシャンプーやジェルをふんだんに使用する富裕層をターゲットにするのであれば、外国人モデルを起用することで十分にサロンの魅力を伝えることができます。このケースでは、まず立地条件が郊外の住宅地だという点を考えねばなりません。となると、狙うべきは、ヘアカットにお金を使える可処分所得が高い主婦層や、美意識の高いＯＬです。

ターゲット層の心情的な立場に立って考えてみましょう。ヘアサロンに行くと、お客様は最低でも1時間以上、パーマやカラーリングの場合は3時間以上もヘアスタイリストさんに、髪の毛を触られることになります。ですから、広告を目にする人は「一体どんな人に髪を触られるのだろう」「どんな人がカットしてくれるのだろう」と不安になるかもしれません。

そこで、「私がお客様に合うよう、精一杯カットさせていただきます」という意味を込めて、施術者本人の顔写真や、得意なことを広告に載せておくと、お客様はとても安心します。何を提供してくれる店なのか、誰がやってくれるのかがわかると、お客様は申し込みやすくなるのです。

このように、「この店（またはこのブランド）は私にぴったりだ」と、お店のブランドとお客様の間にある「**距離感**」を表す指標を「**アソシエーション**」と言います。距離感は、自社ブランドとお客様との相性を表します。アソシエーションのレベルが高ければ高いほど、お客様から好意的な反応が返ってきます。つまり、広告を見て「行ってみよう」と感じてお店に来たり、電話をかけてきたりすることです。実際に私の場合も、スタイリストの腕はもちろんですが、1時間以上滞在する間の会話で気分よく居られることが、その美容院に通う大きな理由になっています。

名古屋の人気エステサロンの距離感の縮め方

お客様と自社スタッフとの距離感が重要なのは、エステサロンでも同じです。名古屋市の真ん中にある栄に、サロン・ド ノエルというエステサロンがあります。このお店は、マシンを一切使わないオールハンドのエステサロンです。オーナーの近藤さんは、「うちの商品はエステティシャン一人ひとりなのです」と言います。なぜなら、お客様はどこのエステサロンでもいいわけではなく、「あの人が施術してくれるから、多少遠くてもわざわざ行くわ」とおっしゃるそうです。2〜3時間も同じ空間で過ごせるエステティシャンを見つけたら、ずっと指名してくれるようになるのです。

近藤さんは、エステティシャンの面接はもちろんのこと、自分が施術してもらって資質や性格を確かめています。しっかりと採用活動をする上に、社員教育も徹底して行います。サロンには、エステティシャンによるお客様への気持ちを表した手書きメッセージ入りのPOPが貼ってあるそうです。また、ホームページやYouTubeに施術の動画をアップしているので、実際に施術してくれる人の顔が見えてお客様との距離感もグッと縮まるのです。

このように、エステサロン、ヘアサロン、ネイルサロンなどの本当の商品は、実際に施術をする従業員の方々なのです。これは私のようなコンサルタントや税理士、弁護士などの士業の方々でも全く同じことが言えます。お客様は腕がいいのは当たり前だと思っています。私の場合も数多くの経営コンサルタントから選ばれる時は「この人は信頼できそうか」「うちの会社のことを親身に思ってアドバイスをしてくれるのか」ということを判断基準に問い合わせされたり、契約を打診されたりするのです。

何となくイメージがいいという理由で、安易に外国人モデルを使った写真などを広告に載せても、ターゲット層が日本人である以上は「あ、私には関係なさそうだな」と思われてしまいます。つまり、距離感が遠くなってしまうのです。

答え

B 自社のヘアスタイリスト

マーケ的ポイント

広告を制作する時には、ターゲットのお客様との相性を考え、ブランド・マネジメント上での「距離感」が近しい内容にしましょう。

あなたは開業５年目の税理士です。ここまで順調でしたが、そろそろお客様の数も頭打ち。サービスを充実させて、顧問料を値上げしたいと思っています。

Q29

開業5年目の税理士、顧問料を値上げしたいならどっち⁉

A　スーツの新調

B　名刺の整理

価格アップを提案するための第一歩

私のような、フリーランスのコンサルタントや士業のビジネスは、自分が動ける時間の長さが売上に直結します。顧客数×顧客単価が売上になるので、総売上を上げるためには顧客数か顧客単価を上げるしかありません。

本章で述べてきたブランド・マネジメントの最終目的は、顧客との良好な関係を作ることです。この良好な関係の中には他に浮気されないこと、すなわち「離脱されない」ことが重要な要素です。お客様視点のブランド構築のステップは、広く深く認知され、「見た目の価値」もしっかりし、顧客との距離感も相性がいいところまで構築できた上で、最終的にお客様に忠誠心を持ってお付き合いいただくことを目指します。

このケースの税理士のお客様は企業です。お得意先である経営者との関係性を、しっかりと築き上げることが重要です。BtoBの場合は、BtoCと比べて顧客数が少ないため、お客様ごとに丁寧な対応をすることができます。したがって、まずはお客様1人ひとりの「顔」を思い出しながら、これまで提供してきたことを見直しましょう。新しい顧客価値を提供することで、価格アップを提案できるようになるのです。

その第一歩として、「顧客名簿」を整理整頓し、どのお客様にどんな価値を提供し、その分どれくらい値上げするのかを理解してもらわねばなりません。まず、顧客名簿を「お客様の属性」と「自社の価値提供」を基準に整理します。お客様の属性は、例えば「契約期間」「業種」「売上高」などになります。自社の価値提供は、例えば「顧客の課題をどう解決してきたか」「何を求めているのか」といった顧客サイドにとって有益な情報などになります。そして、この中から重要顧客別に分類していきます。

BtoBのRFM分析

次に、3章で触れたRFM分析をBtoBに当てはめてみましょう。図の縦軸は

B to Bのお客様のRFM分析

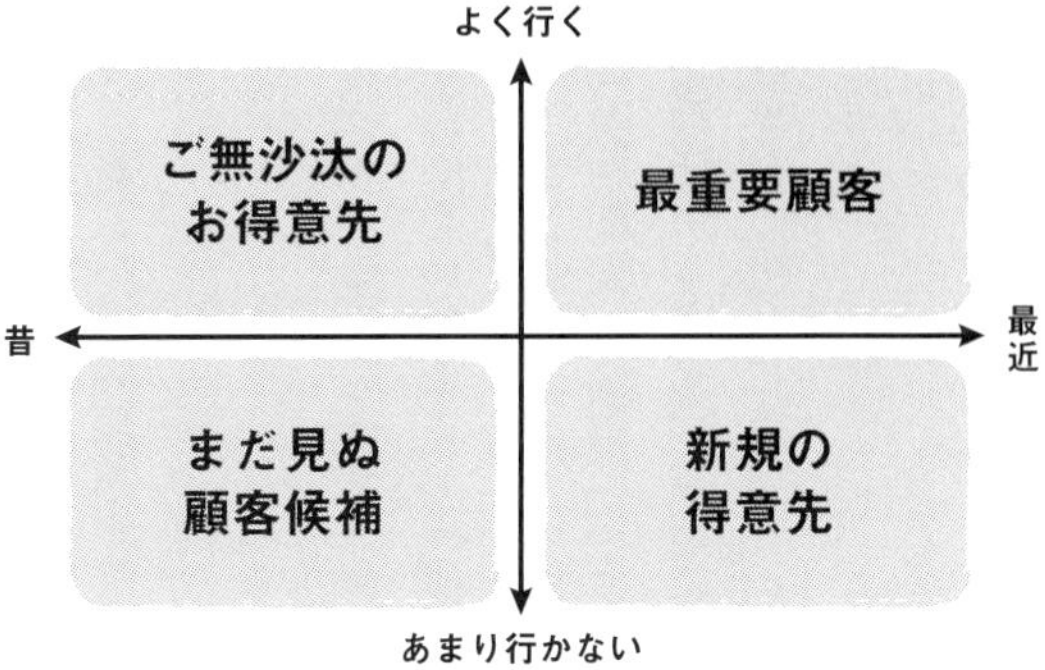

「訪問頻度」、横軸は「訪問時期」を表します。縦軸は上に行くほど訪問回数が多く、下に行くほど少なくなります。横軸は右に行くほど最近で、左に行くほど昔ということになります。この図に、お得意先を当てはめます。右上の象限にいる企業は、最近も頻繁に訪問しているお得意先。言わば、最も重要な顧客であるＶＩＰです。右下の象限の企業は、訪問時期は最近だが、回数が少ない得意先です。新規に得意先になったばかりのお客様がここに入ります。逆に、左上の象限にいる企業は、昔よく訪問していたお客様です。最近はご無沙汰のかつてのお得意先と言えます。

このように整理していくと、自社の得意先はさまざまな状況にあることが見てとれます。右下の最近のお客様や左上のご無沙汰のお客様にとっては、顧問料の値上げは受け入れがたい状況と言えます。この場合は、まず右上の関係が構築できている上得意先に向けて、さらにサービスを提供する前提で顧問料の値上げを申し出るのがよいでしょう。この図では縦軸を「訪問回数」、横軸を「訪問時期」にしましたが、自社とお客様の特性に応じていろいろと変えながら試すことをお勧めします。

このように、それぞれのお客様に対応するきめ細かいサービスを提供することが、自社と顧客との関係性を強めます。そのためには、名刺や名簿にある顧客データを常にアップデートして、個別に近い形で対応していきたいものです。

答え

B 名刺の整理

マーケ的ポイント

顧客リストの中にはさまざまなタイプのお客様がいます。お客様の状況を把握し、期待に応えられるきめ細かいコミュニケーションやサービスをしましょう。それ次第では、顧客への価値の対価の値上げを切り出すことも可能になります。ライバルに乗り換えられないようにしましょう。

あなたは、繁華街のど真ん中にあるタワー式パーキングを運営しています。この辺りは人通りも多いが、その分ライバルもたくさんいます。何とか生き残り対策を立てたいところです。

Q30

繁華街の時間貸しパーキング、激戦区を生き残るためにすべきはどっち!?

値下げ

値上げ

大阪なんばのタワーパーキングの秘策

繁華街で駐車場を探す時、あまりにも数が多すぎて逆に困ってしまうことがあります。「どこが安いのかな」とか、「駐車料金に打ち止めがあるのかな」といった視点でつい迷ってしまいます。私同様、そう考えているお客様も多いでしょう。

駐車場ビジネスは場所と資本があればできるので、新しく参入するのは比較的容易です。特に資本力のある大企業にとって、参入障壁はそれほど高くありません。ただし、価格競争に陥りやすいので気をつけなければなりません。ライバルの駐車場が100円下げたので、ウチは150円値引きする、などとなりがちです。しかし、それでは消耗戦になって営業利益も下がり、「見た目の価値」も下がってしまいます。やはり価格ではなく、何か特別な自分だけができることを探すべきです。

大阪の中心部、なんばのアムザ1000という複合レジャー施設の横にタワーパーキングがあります。このタワーパーキングを運営している株式会社標《しるべ》の多々良社長は、レクサスのどの車種でも駐車できることに気がつき、「レクサス全車種入庫可能」と書いたのぼりを駐車場の前に立てました。立体駐車場にはサイズ制限があり、車種によっては利用できないことがしばしばあります。特にレクサスは大型の車種で、駐車できないことが多くあります。のぼりを見たレクサスのオーナーは、「いつも入りませんと断られることがあるけれど、ここなら大丈夫そうだな」と感じるでしょう。

こうなると、値段が少しくらい他より高くても、駐車場としての可能性が高まります。さらに、レクサス以外のＢＭＷやベンツといった他の大型車のドライバーも、のぼりを見て「俺の車も入りそうだな」と利用してくれるかもしれません。私も少し大きめの車に乗っているのですが、タワーパーキングで「長すぎる」「横幅が入りません」と言われて、他を探すことがしばしばあります。このように、まずはお客様がお困りの課題を解決できることを教えてあげましょう。

一見さんからお馴染みさんになってもらう工夫

なんばのタワーパーキングのように、一見さんが入ってくれたらしめたものです。しかし、そこで満足してはダメで、さらにお馴染みさんになってもらう努力をしましょう。たとえば、近隣の店とタイアップしてクーポンを発行しても喜んでもらえるでしょう。このようなコミュニケーションツールをお渡しすることで、次回も贔屓にしてもらえます。駐車場ビジネスは、時間貸し以外に「月極《つきぎめ》」で契約してくれるお客様が増えれば増えるほど安定した売上になります。このようなお客様を探すのにも、のぼりは効果があります。

標さんの、かゆいところにも手が届くような細かな配慮によって新規顧客になったお客様に、さらに丁寧なサービスを提供すると「ファン」になってくれます。ブランドをマネジメントする上で重要なことは「お客様が他社に浮気しないこと」、すなわち前述した「忠誠心」を持ってもらうことです。お客様が忠誠心を抱いてずっと通い続けてくれたら、新規顧客を獲得する分の広告宣伝費なども不要になるでしょう。

答え

どちらも不正解（安易な値下げより、まずは周りの状況を把握し、独自化できることを探しましょう）。

マーケ的ポイント

値引きよりもお客様に喜ばれることを自分で観察して発見するか、疑似体験してお客様が「潜在的」に困っていることを探し出し、ライバルよりも早く手を打ちましょう。そして新しいお客様に浮気されないよう、丁寧なコミュニケーションをとることで忠誠心を持ってもらいましょう。

あなたは、郊外のおしゃれなエリアでコーヒー専門店を経営しています。都心のビジネス街にサラリーマンやＯＬをターゲットとした姉妹店を出そうと考えています。今１杯６００円のコーヒーを３００円で販売し、テイクアウトもできるようにしようと思います。

Q31

コーヒー専門店のサブブランド、店名はどっちがいい⁉

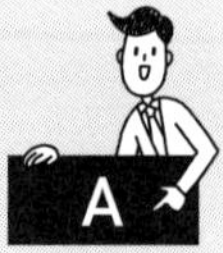

そのままの店名

少し変えた店名

親ブランドへの気遣い

コーヒー専門店はハンドドリップで一杯ずつ淹れてくれるので香りも味もしっかりしていて、コーヒーがとても美味しく感じられます。一杯250円のファストフードのコーヒーもいいですが、落ち着いて仕事をしたい時や誰かとゆっくり話をする時などは、専門店でまったりとした時間を過ごしたいものです。

このケースは、郊外の専門店で一杯600円のコーヒーを販売している店が、サラリーマンやOL中心のビジネス街で展開する時に、半額の300円で販売するというものです。たくさん販売する代わりに、お値打ちな価格設定にすることはとても理にかなっています。

こういう時に気をつけたいのが、先に成功している〝親ブランド〟のブランド価値です。価格は「見た目の価値」に直結します。同じネーミングで値下げしてしまうと、コーヒー一杯600円の親ブランドのイメージを壊してしまいます。

このように、新しい市場で「売れそうだ」というチャンスを見つけて何かを始める時、親ブランドの価格を維持したまま派生ブランドを作ることを「**ライン・エクステンション**」と言います。特に、価格帯を下げてよりカジュアルなサブブランドを出したいけれど、親ブランドの高級感を壊したくない場合に適用することがあります。

サブブランドの展開法

親ブランドの価値を守るために、サブブランドを出す時は関係性をわかるようにします。親ブランドの知名度を借りつつ、手が届きやすいブランドという立ち位置で展開します。

ファッションブランドの「プラダ」と「ミュウミュウ」を例にとってみましょう。親ブランドはプラダです。高級感もあり、歴史を感じさせるブランドです。それに対し、価格的に手の届きやすい、若干若い年齢層に向けたデザインのラインアップがミュウミュウです。よりカジュアルで、価格帯もプラダよりもやや低く設定されています。もし、プラダが一つのブランドとして、低い価格帯でコンセプトが異なるさまざまな商品を出すと、プラダ自体のイメージが低い価格帯とみなされてしまいますし、消費者が受けるイメージも散漫になります。このように、安価な価格帯にもラインアップを用意することで、親ブランドの価値を維持しながら、貶めないという戦略をとっています。

「ユニクロ」を運営しているファーストリテイリングも、より若く、より安いブランドを出す時は、別ブランドの「ＧＵ」としました。これも一種のサブブランドになります。

逆に今置かれている立ち位置より高い価格設定や高級感を出したい時にも、全く別のブランドを立てることがあります。例えば、トヨタ自動車がラグジュアリー感のあるブランドを立ち上げた時は「レクサス」という別ブランドを立ち上げました。コーヒー店でも、ビジネス街に多くある「ドトールコーヒー」は、「スターバックス」や「タリーズコーヒー」に対抗する少し高めのカフェとして、別ブランドの「エク

セルシオール　カフェ」という形で立ち上げています。

答え
B 少し変えた店名

マーケ的ポイント
価格帯を下げたところにビジネスチャンスがあると分析した時に、安易にそのままのブランド名にしてしまうと、安いブランドを売っている会社とみなされてしまいます。低い価格帯にチャンスを見つけた時には、親ブランドの価値を十分に活用し、別ブランドを立ち上げるか、サブブランドとして展開しましょう。

本書は、実務教育出版より２０１６年６月に刊行された
同名書籍を一部修正したうえ文庫化したものです。

日経ビジネス人文庫

なぜ、お客様《きゃくさま》は「そっち」を買《か》いたくなるのか?

2019年7月1日 第1刷発行

著者
理央 周
りおう・めぐる

発行者
金子 豊

発行所
日本経済新聞出版社
東京都千代田区大手町1-3-7 〒100-8066
電話(03)3270-0251(代) https://www.nikkeibook.com/

ブックデザイン
鈴木成一デザイン室

本文DTP
マーリンクレイン

印刷・製本
中央精版印刷

Printed in Japan ISBN978-4-532-19952-4